JN411886

나만의 카운슬러 공자

나만의
카운슬러
공자

2,500년 변치 않는
지혜를 새기는 책

지윤 지음

지혜고

목차

Chapter 5.
사람이
서는 바탕

Chapter 6.
머무는
자리

Chapter 7.
자리에
따른 태도

正名

프롤로그

《논어》는 친절한 책이 아니다. 문장은 짧고, 설명은 없고, 독자가 따라오지 못해도 기다려주지 않는다. 그래서 많은 사람이 몇 장 넘기다 덮는다. 나 역시 그랬다. 대학 시절, 처음으로 《논어》를 처음부터 끝까지 주석과 함께 읽었지만, 문장들은 분명 눈앞에 있었으면서도 나의 삶과는 어딘가 거리가 느껴졌다.

시간이 지나 직장인이 되었을 때, 다시 《논어》를 펼쳤다. 《논어집주》를 바탕으로 한 스마트 전자책을 만들던 시기였다. 원문과 번역문을 정리하고 구조를 다듬으며 이 책을 가장 가까이에서 들여다보게 되었다. 부록을 준비하는 과정에서는 공자의 생애와 그가 놓였던 시대의 맥락까지 자연스럽게 따라가게 되었다. 그때의 《논어》는 더 이상 막연한 고전이 아니었다. 한 사람이 남긴 말들이 어떤 시간과 상황을 지나 지금까지 전해졌는지를 보여주는, 살아 있는 기록처럼 느껴졌다.

그 작업을 하며 처음으로 이런 질문을 하게 되었다. 이 책이 오늘의 독자에게 닿으려면 어떤 얼굴을 하고 있어야 할까. 어떤 방식으로 건네야 오해 없이 읽힐 수 있을까. 《논어》를 단지 쉽게 풀어내는 문제가 아니라, 본래의 질문을 해치지 않으면서도 지금의 언어로 전달하는 방법을 고민했던 첫 시기였다. 돌이켜보면 그때의 고민과 시행착오가 결국 이 책의 출발점이 되었는지도 모르겠다.

그 무렵부터 《논어》의 문장들은 비로소 삶의 장면과 맞닿기 시작했다. 인간관계가 어그러질 때, 누군가를 탓하고 싶어질 때, 상황을 단순하게 선악으로 나누고 싶어질 때마다 예전에 정리해 두었던 구절들이 불쑥 떠올랐다. 위로를 건네지는 않지만, 그렇다고 쉽게 도망치게도 하지 않는 말들. 그제야 이 책이 사람을 가르치기보다 붙잡아 세우는 방식으로 작동한다는 걸 알 것 같았다.

《논어》는 공자와 제자들 사이에서 오간 말과 장면을 기록

한 언행록이다. 짧은 문장과 단편적인 대화로 이루어져 있지만, 그 안에는 끊임없이 되묻는 질문들이 담겨 있다. 인간은 자신을 어떻게 다스려야 하는지, 타인과 어떤 기준으로 관계 맺어야 하는지, 공동체 안에서 어디까지가 내 몫인지를 묻는 질문들. 이 책이 수천 년을 건너 읽혀 온 이유는, 그때나 지금이나 인간이 마주하는 고민이 크게 달라지지 않았기 때문이다.

이 책은 그런 《논어》의 문장을 삶의 흐름에 따라 다시 엮었다. 마음을 다스리는 일에서 시작해, 행동의 기준을 세우고, 사람을 알아보는 눈과 말의 무게를 거쳐, 신뢰와 관계, 판단과 배움, 그리고 삶을 대하는 태도로 이어진다. 각 장의 글은 하나의 《논어》 구절에서 출발한다. 먼저 지금의 언어로 상황을 풀어내고, 그 뒤에 원문과 번역문을 제시한다. 번역은 직역에 머무르기보다 오늘의 독자가 의미를 쉽게 이해하도록 한 번 더 풀어 썼다. 마지막에는 그 문장을 오늘의 삶으로 가져와 스스로에게 던져볼 수 있는 질문을 남겼다. 해석을 닫아두기보다, 생각을 이어가도록 구성하고 싶었다.

그래서 이 책은 처음부터 끝까지 단숨에 읽기보다는, 필요한 순간에 한 장씩 꺼내 읽기를 권한다. 어떤 문장은 당장 와닿지 않을 수 있고, 어떤 문장은 시간이 지난 뒤에야 의미를 드러낼지도 모른다. 그 간격마저도 독서의 일부다. 《논어》는 늘 그런 방식으로, 조금 늦게 말을 건네는 책이었기 때문이다.

이 책은 전통문화연구회에서 번역하여 출판한 《논어》를 바탕으로, 원문의 맥락과 개념을 최대한 존중하는 것을 기본으로 삼았다. 이 책이 고전을 처음 펼치는 독자에게, 자기계발의 언어에 피로를 느끼는 독자에게, 그리고 삶의 기준을 다시 세울 문장을 찾고 있는 독자에게 필요할 때마다 다시 펼쳐볼 수 있는 한 권의 '카운슬러'로 남기를 바란다.

Chapter 1.

마음을 다스리다

內省

내 기분이 위태롭게 흔들리는 이유

우리는 종종 타인의 시선을 빌려 내 삶을 확인받으려 한다. SNS에 올린 사진의 '좋아요' 숫자가 내 행복의 농도를 증명한다고 믿고, 회사에서의 직함이나 사람들의 평판이 곧 나 자신이라 착각하면서 말이다. 그래서 아무도 나를 알아주지 않는 날에는 마치 세상에서 지워진 듯한 텅 빈 공허함에 시달리기도 한다. 밖에서 불어오는 바람 한 줄기에 내 기분의 촛불이 위태롭게 일렁이는 것이다.

2,500년 전의 문장은 위태로운 우리에게 예리한 질문을 던진다. 남이 알아주지 않아도, 박수 소리가 들리지 않아도, 당신은 여전히 당신 자신으로 꽉 차 있을 수 있느냐고.

깊은 숲속의 난초는 구경꾼이 없다고 향기를 멈추지 않고, 밤하늘의 달은 쳐다보는 이가 없어도 제 빛을 잃지 않는다. 누군가의 인정이란 있으면 좋은 장식일 뿐, 결코 나를 지탱하는 기둥이 될 수는 없다. 그러니 오늘 하루는 '인정받고 싶은 마음'이라는 무거운 짐을 잠시 내려놓고, 오롯이 스스로를 채우는 기쁨을 만끽해보는 것은 어떨까.

人不知而不慍(인부지이불온)이면
不亦君子乎(불역군자호)아
사람들이 나를 알아주지 않아도 화내지 않는 사람,
그가 진짜 어른이다.

— 學而篇(학이편)

◆ 셀프 칭찬 일기장

- 오늘 남몰래 한 일: (예: 회사 탕비실 컵 정리하기)
- 참아낸 자랑거리: (예: 프로젝트 칭찬받은 것 인스타에 안 올리기)
- 나에게 건네는 한마디: (예: "아무도 몰라도 나는 알잖아. 멋지다.")

마음의 거울 닦기

하루의 끝, 이불을 턱 밑까지 끌어당겨 본다. 그런데 눈을 감아도 잠이 오기는커녕 낮에 무심코 뱉은 말들이 천장 위로 둥둥 떠다녀 곤혹스러울 때가 있다. 친구의 무거운 고민에 건성으로 고개를 끄덕였던 순간이나, 분위기에 휩쓸려 지키지도 못할 약속을 덜컥 해버린 기억이 뒤늦게 떠오른 탓이다.

하루의 소란이 가라앉은 고요한 밤은 비로소 나와 나의 양심이 독대하는 시간이다. 남을 향해 세웠던 잣대를 거두고, 내가 건넨 위로에 얼마만큼의 진심이 얼마나 담겨 있었는지 되짚어보게 된다. 알맹이 없는 말과 껍데기 뿐인 공감을 골라내어 털어내는 이 시간은, 내일의 나를 위해 마음을 헹구는 정갈한 목욕과도 같다.

마음이라는 거울은 매일 닦지 않으면 금세 뿌연 먼지가 앉아 결국 나 자신조차 비추지 못하게 된다. 오늘 당신이 세상에 남긴 무수한 흔적 중, 아무도 보지 않아도 스스로에게 떳떳한 '진심'은 몇 개나 되는가.

吾日三省吾身(오일삼성오신)하노니

爲人謀而不忠乎(위인모이불충호)아

與朋友交而不信乎(여붕우교이불신호)아

傳不習乎(전불습호)아니라

나는 하루에 세 번 내 마음과 행동을 돌아본다.

남을 위해 일을 계획하면서 충심을 다하지 않은 점은 없었는가?

벗과 교제하면서 성신하지 못한 점은 없었는가?

배우고도 복습하지 않은 것은 없었는가?

하는 것이다.

— 學而篇(학이편)

◆ **거울 닦기 의식**

잠들기 직전, 휴대전화 화면을 깨끗이 닦으며 오늘 내 입에서 나간 '먼지 같은 말'들도 함께 닦여 나간다고 상상해 보세요.

부끄럽지 않을 마음

만약 광화문 한복판, 그 거대한 전광판에 내 마음 속 풍경이 24시간 생중계된다면 어떨까. 친구의 승진 소식에 웃으며 건넨 축하 뒤로 스쳐 지나간 질투나, 귀찮은 약속을 피하려 둘러댄 그럴듯한 핑계가 고스란히 자막으로 송출된다면, 아마 우리는 뜨거워진 얼굴을 차마 들지 못해 그 자리에서 도망쳐버릴지도 모른다.

불안은 '들킬지도 모른다'는 가정에서 싹트기 마련이다. 남에게 보여주는 얼굴과 혼자만 아는 표정의 간극이 넓을수록, 그 틈새를 메우느라 마음은 쉴 새 없이 고단하다. 하지만 바닥의 모래알까지 훤히 보이는 계곡물을 보라. 속을 감추지 않으니 부끄러울 게 없고, 거리낄 것이 없으니 그 흐름을 멈추지 않고 당당하게 나아간다.

그러니 오늘 밤에는, 아무도 없는 방에서 가만히 가슴에 손을 얹어보자. 만약 당신의 마음이 투명한 물길처럼 흐르고 있다면 내일 당신이 걸어야 할 길 위에 두려움이라는 그림자가 내려앉을 자리는 없을 것이다.

內省不疚(내성불구)어니
夫何憂何懼(부하우하구)리오
내 마음을 돌아보아 부끄러운 것이 없다면,
걱정할 일도 두려울 일도 없다.

— **顔淵篇(안연편)**

◆ 비밀 파쇄 의식

오늘 타인에게 숨겼던 질투나 핑계가 있다면, 종이에 솔직하게 적어본 뒤 미련 없이 잘게 찢어 쓰레기통에 버리세요.

좋은 향기를 품은 꽃

휴대전화 연락처 목록을 멍하니 훑어내리다, 엄지손가락이 갈 곳을 잃고 허공에서 멈칫하는 순간이 있다. 저장된 이름은 수백 개인데, 정작 지금 당장 마음 편히 전화를 걸 상대는 좀처럼 떠오르지 않는다. 그럴 때면 텅 빈 방에 홀로 남겨진 듯한 적막감이 밀려오고, 군중 속의 고립감은 묵직한 돌이 되어 가슴 한구석을 짓누른다.

좋은 향기를 품은 꽃에는 나비가 길을 묻지 않고도 찾아오는 법이다. 택배 기사님께 건네는 음료수 하나, 뒷사람을 위해 잠시 잡아준 출입문 같은 사소한 배려가 모여 그 향기를 만들어낸다. 정갈한 몸가짐과 따스한 눈빛만 있다면, 스쳐 지나가는 낯선 이조차 언젠가는 나의 편이 되어줄 것이다.

그러니 세상이 삭막하다고 탓하기 전에, 나의 세상이 너무 차갑지는 않았는지 되돌아보자. 오늘 하루, 나는 마주친 이들에게 가로막힌 벽이었을까, 아니면 잠시 기대어 쉬어갈 수 있는 볕이었을까.

君子敬而無失(군자경이무실)하며
與人恭而有禮(여인공이유례)면
四海之內(사해지내)가 皆兄弟也(개형제야)니
君子何患乎無兄弟也(군자하환호무형제야)리오

군자는 언제나 조심하고 흐트러짐이 없으며,
사람을 대할 때는 공손하고 예의를 갖춘다.
이렇게 하면
세상 어디에 있더라도 서로를 형제처럼 여기게 된다.
그러니 군자는 형제가 없다고 걱정할 이유가 없다.

— 顔淵篇(안연편)

◆ 선(先)톡의 용기

연락처만 멍하니 내리지 말고, 가장 먼저 눈에 띄는 친구에게 '갑자기 생각나서 연락했어'라고 짧은 안부를 먼저 건네 보세요.

용감한 침묵

솔직히 고백하자면, 나는 지우개로 박박 문질러 없애고 싶은 대화가 몇 개 있다. 감정이 격해져 사랑하는 사람에게 돌이킬 수 없는 말을 쏟아내던 순간, 상대방의 눈빛이 싸늘하게 식어가던 그 찰나의 장면이 아직도 가슴에 가시처럼 박혀 있다. 그때 내가 이겼다고 착각했던 승리감은 고작 3분을 넘기지 못했고, 뒤이어 찾아온 서먹함과 자책은 몇 년이 지난 지금까지도 문득문득 생각나 괴롭힌다.

화가 머리끝까지 치솟을 때, 우리는 종종 그 감정이 영원할 것이라 믿고 눈앞의 관계를 기꺼이 담보로 잡는다. 하지만 폭풍우가 지나간 자리에 남는 것은 부러진 나무와 엉망이 된 정원뿐이다. 무너진 신뢰를 다시 쌓는 일이 화를 참는 일보다 수백 배는 더 고단하다는 사실을, 우리는 폐허가 된 마음을 보고서야 뒤늦게 깨닫곤 한다.

그러니, 다음번에 또다시 뜨거운 불덩이가 목구멍을 타고 올라오거든 딱 한 번만 깊게 숨을 골라보자. 그 찰나의 멈춤이 우리를 지키는 용감한 침묵이 되어줄 것이다.

忿思難(분사난)이라

화가 나는 순간,

그 감정에 휩쓸려 행동했을 때

뒤따를 후폭풍을 먼저 떠올려라.

— 季氏篇(계씨편)

◆ 타임머신 의식

상처 주는 말을 뱉기 직전, 눈을 감고 이 말을 한 뒤 3시간 후의 내 기분을 아주 구체적으로 상상해 보세요.

남에게는 봄바람, 나에게는 가을 서리

강가에 홀로 선 버드나무를 가만히 바라본 적이 있는가. 거센 비바람이 몰아쳐도 버드나무가 꺾이지 않는 것은 역설적이게도, 바람을 이기려 들지 않기 때문이다. 땅속 깊이 내린 뿌리는 한치의 흔들림 없이 중심을 잡고 있지만, 바람을 맞는 가지들은 그저 흐름에 몸을 맡긴 채 부드럽게 춤을 출 뿐이다. 중심은 꼿꼿하게 세우되, 스쳐 지나가는 인연들에게는 너른 품을 내어주는 유연함이 의연해 보인다.

그런데 우리는 종종 이 순서를 거꾸로 행하며 괴로워하곤 한다. 정작 단단해야 할 내 마음의 중심은 흔들리면서, 타인을 향해서는 뻣뻣하게 날을 세우니 말이다. 나에게는 '어쩔 수 없었다'며 온갖 핑계를 대면서도, 타인의 작은 실수 앞에서는 한없이 깐깐해지는 마음, 그 날카로운 잣대가 결국 내 마음까지 찌르고 있다는 것을 뒤늦게 깨닫는다.

그러니 오늘 누군가의 실수에 미간이 좁혀졌다면, 밖으로 향하던 그 엄격한 시선을 잠시 거울 속의 나에게로 돌려보는 건 어떨까. 타인의 허물은 흐르는 바람처럼 흘려보내고, 나의 마음가짐은 깊은 뿌리처럼 다잡아 보는 것이다.

躬自厚而薄責於人(궁자후이박책어인)이면
則遠怨矣(즉원원의)니라
자기에게는 엄격한 기준을 세우고,
남에게는 책임을 가볍게 물으면
원망은 자연스럽게 멀어진다.

— **衛靈公篇(위령공편)**

◆ 변명 선물하기

내가 실수했을 때 나를 감싸주었던 그 수많은 합리화와 핑계를, 오늘 내 신경을 건드린 그 사람에게 아낌없이 선물해 보세요.

갓 구운 바게트

화려한 크림이나 과일 장식 하나 없이도, 갓 구운 바게트의 고소한 향기는 무심코 지나던 발걸음을 멈추게 한다. 물과 밀가루, 소금. 가장 기본적이지만 속일 수 없는 재료들이다. 숨길 곳이 없기에, 반죽의 숙성부터 굽는 온도까지, 보이지 않는 공력이 쌓여야만 비로소 깊은 풍미가 완성된다.

우리의 삶도 이 정직한 바게트를 닮았다. 우리는 종종 나라는 사람의 반죽을 치대는 시간보다, 남들의 눈에 띌 그럴듯한 포장지를 고르는 데 더 마음을 쓴다. 하지만 설익은 내면을 감추려 서둘러 오른 높은 자리는, 덜 익은 밀가루 반죽처럼 타인에게도 나 자신에게도 텁텁한 뒷맛을 남길 뿐이다.

당장 나를 진열할 화려한 쇼윈도가 없다고 조급해할 필요는 없다. 좋은 빵은 잼이나 버터 없이도 씹을수록 고소한 맛이 우러나는 법이다. 내 안의 결이 촘촘해지고 맛이 깊어질 때, 세상은 당신이라는 담백한 빵을 위한 알맞은 자리를 내어줄 것이다.

不患無位(불환무위)요 患所以立(환소이립)하며

不患莫己知(불환막기지)요 求爲可知也(구위가지야)니라

지위가 없다고 불평하지 말고,
그 자리에 서도 흔들리지 않을 실력과 인격이
갖춰졌는지를 먼저 걱정하라.
사람들이 나를 알아주지 않는다고 조급해하지 말고,
내가 알아줄 만한 사람이 되는 데 힘써라.

— 里仁篇(이인편)

◆ 나를 위한 쇼윈도

지금 당장 내가 꿈꾸는 그 자리에 앉혀준다면, 내일 아침부터 능숙하게 해낼 자신이 있는지 스스로에게 소리 내어 물어보세요.

나를 비추는 '살아있는 거울'

만약 우리가 스치는 모든 인연을 나를 비추는 '살아있는 거울'이라고 여긴다면 세상은 조금 다르게 다가올 것이다. 길가에 핀 꽃처럼 향기로운 사람만이 스승은 아닐 테니까 말이다. 때로는 무심코 발끝에 채여 생채기를 내는 거친 돌부리 같은 사람조차 나의 걸음걸이를 되돌아보게 하는 고마운 거울이 될지도 모른다.

닮고 싶은 사람을 만나면 내일의 내가 닿아야 할 지점을 점찍어 보고, 모난 말씨나 서툰 감정의 찌꺼기를 목격하게 되면, 저 모습이 혹시 내 안에도 숨어있지는 않은지, 나 역시 누군가의 마음을 저토록 소란스럽게 만들지는 않았는지 살피게 될 것이다.

그렇게 타인이라는 풍경 속에서 나를 가다듬는 법을 배울 때, 우리는 비로소 어제보다 조금 더 깊어진다. 오늘 당신이 마주한 수많은 얼굴 중에서 마음을 울린 한 장면이 있는가. 그게 닮고 싶은 빛이든 경계하고 싶은 그림자든 상관없다, 그 모든 순간이 당신이라는 나무를 키워낼 소중한 볕과 비가 되어줄 것이다.

見賢思齊焉(견현사제언)하며
見不賢而內自省也(견불현이내자성야)니라
뛰어난 사람을 만나면
"나도 저렇게 성장해야겠다"는 마음으로 본받고,
부족한 사람을 만나면
"내 안에도 저런 면이 있지 않은가"하는 마음으로
스스로를 돌아본다.

— 里仁篇(이인편)

◆ 태도 벤치마킹

부러운 사람을 탐내지만 말고, 그 사람이 가진 '좋은 습관' 하나를 훔쳐와 오늘 하루 동안 내 것처럼 따라 해 보세요.

고민의 늪에서
허우적대는 당신에게

만약 어젯밤 당신을 잠 못 들게 한 그 수많은 생각들을 모아 무게를 달아본다면 어떨까. 꼬리에 꼬리를 무는 걱정은 천근만근 무겁게 느껴지지만, 막상 현실의 저울에 올려보면 바늘은 미동조차 하지 않을 것이다. 실체 없는 불안이란 본디 안개와 같아서, 머릿속에 가둬둘수록 더 짙어지고 시야를 가릴 뿐이다.

우리는 종종 골방에 틀어박혀 홀로 고민하는 시간을 치열한 노력이라 착각한다. 하지만 닫힌 방 안의 공기는 이내 탁해지기 마련이고, 고여버린 생각의 우물에는 맑은 물이 돌지 않는다. 이럴 때 필요한 것은 밖에서 들어오는 새로운 바람이다. 낯선 문장 하나를 읽고, 가보지 않은 길을 걷고, 타인의 삶을 기웃거리는 그 사소한 자극들이 멈춰 선 마음의 물레방아를 다시 돌게 하니까 말이다.

그러니 오늘 또다시 생각의 늪이 발목을 휘감으려 한다면, 억지로 답을 찾으려 애쓰는 대신 차라리 무엇이든 배워보자. 어쩌면 밤새 묵혀둔 고민보다, 서툰 손놀림으로 익히는 요리책의 한 페이지가 당신을 더 근사한 곳으로 데려다줄지도 모른다.

吾嘗終日不食(오상종일불식)하고

終夜不寢(종야불침)하여 以思(이사)하니

無益(무익)이라 不如學也(불여학야)로라

종일토록 먹지 않고

밤새 잠을 자지 않으며 고민해봤지만

아무런 도움이 되지 않았다.

배우는 것만 못했다.

— 衛靈公篇(위령공편)

◆ 손의 노동

답 없는 고민으로 이마가 뜨거울 때, 차라리 설거지를

하거나, 빨래를 정리하며 손끝의 감각에 집중해보세요.

마음의 주름을 펴는 의식

출근길 만원 지하철, 짜증 섞인 한숨과 거친 발소리가 뒤엉킨 소란 속에서 유독 눈길이 머무는 어르신이 있었다. 낡은 코트였지만 옷깃은 반듯하게 정돈되어 있었고, 흔들리는 열차 안에서도 두 손을 무릎 위에 가지런히 모으고 앉은 모습이 마치 소음 바다에 떠 있는 고요한 섬 같았다. 그 단정한 매무새가 보이지 않는 결계를 친 듯, 붐비는 사람들도 그 앞에서는 묘하게 발걸음을 조심했다.

우리는 종종 마음이 흐트러져 겉모습이 망가진다고 생각하지만, 그 순서는 반대일 때가 많다. 구겨진 셔츠를 다려 입는 행위는 마음의 주름을 함께 펴는 의식이며, 거울을 보고 입꼬리를 올리는 순간 내면의 날 선 가시들도 무뎌진다.

오늘 누군가 당신을 함부로 대했다면, 혹시 내 표정이 그들에게 먼저 일그러져 있지는 않았는지 돌아보자. 단단한 껍질이 과육을 보호하듯, 정갈한 몸가짐과 온화한 표정은 타인의 무례함이 감히 침범하지 못하도록 나를 지키는 보호막이 된다.

動容貌(동용모)에 斯遠暴慢矣(사원포만의)며
正顔色(정안색)에 斯近信矣(사근신의)며
出辭氣(출사기)에 斯遠鄙倍矣(사원비패의)라
몸가짐을 단정히 하면
거칠고 무례한 태도는 멀어진다.
얼굴빛을 바르게 하면
사람들의 믿음이 가까워진다.
말을 할 때에 말투와 어조를 가다듬으면
천박하고 엇나간 말은 멀어진다.

— **泰伯篇(태백편)**

◆ 오늘의 품위 체크리스트

- 옷깃은 반듯한가? (단정한 몸가짐)
- 입꼬리는 올라갔는가? (바른 얼굴빛)
- 말투는 부드러운가? (말투와 어조 체크)

* 당신의 단정함이 당신을 지켜줄 것입니다.

Chapter 2.

어떻게 행동 해야 하는가

求己

말이
칼이 되지 않도록

우리는 '맞는 말'이라면 무조건 환영받을 것이라 착각한다. 완벽한 논리로 분명한 사실을 말한다면, 상대방도 마땅히 고개를 끄덕이며 내 뜻을 따를 것이라 믿는 것이다. 그래서일까 우리는 종종 옳은 소리를 할 때면 턱이 치켜 올라가고 목소리에 힘이 들어가곤 한다.

하지만 날카로운 칼이 훌륭한 도구라 해도, 칼집도 없이 건넨다면 그저 위험한 흉기일 뿐이다. 아무리 '맞는 말'이라도 예의라는 포장지와 겸손이라는 완충재가 없으면 상대의 마음에 생채기만 남긴다. 정답을 쥐고 있다는 우월감에 취해 배려 없이 던진 말은 사람을 잃게 만든다.

옳은 말을 건네야 할 때는, 따뜻한 차 한 잔을 먼저 내밀며 그 온기 위에 준비한 말을 조심스럽게 얹어보자. 예의와 겸손으로 부드럽게 건네고, 건넨 말을 묵묵히 행동으로 매듭짓는 그 태도가 상대방에게 믿음으로 다가갈 것이다.

義以爲質(의이위질)이면 禮以行之(예이행지)하고
孫以出之(손이출지)하고 信以成之(신이성지)면
君子哉(군자재)인저

옳음을 기준으로 삼고,
예로써 그 기준을 행동으로 옮기며,
겸손한 태도로 말을 꺼내고,
신뢰로 일을 끝까지 완성한다면
그는 군자라 할 만하다.

— 衛靈公篇(위령공편)

◆ 말 다듬기

지적하고 싶은 내용 앞뒤에 '잘 되길 바라는 마음'과 '나의 부족함'을 덧붙여 말의 모서리를 둥글게 다듬어보세요.

모르는 것을 묻는 용기

동네 공원 벤치에서 머리가 희끗한 할아버지가 초등학생 쯤 되어 보이는 아이와 머리를 맞대고 있는 모습을 보았다. 손에는 큐브 퍼즐이 들려 있었는데, 놀랍게도 설명을 듣는 쪽은 할아버지였다. "아니지, 여기선 이걸 먼저 돌려야 한다니까요." 아이의 핀잔 섞인 목소리에도 그는 멋쩍어하거나 화를 내기는커녕, 학생처럼 눈을 반짝이며 고개를 끄덕였다. 나이 듦의 권위를 내려놓고 고사리 같은 손끝을 스승으로 모시는 그 등이 참으로 넓어 보였다.

우리는 흔히 '나이를 먹을수록 정답을 알고 있어야 한다'는 강박에 시달린다. 모르는 것을 들키면 무시당할까 봐 입을 꾹 닫고, 아는 척 고개를 끄덕이며 넘어가곤 한다. 하지만 이미 굳어버린 시멘트 같은 땅 위에는 아무것도 심을 수 없다. 모른다는 사실을 인정하고 질문을 던지는 순간, 딱딱하게 굳어가던 내면의 밭은 다시 호미질을 받아들일 준비를 마친다.

아이의 가르침대로 큐브 색깔을 맞춘 뒤 환하게 웃던 그 어르신처럼, 오늘 당신도 누군가에게 기꺼이 "이것 좀 알려줄래?"라고 물을 수 있는가. '모름'을 인정하는 순간, 관계가 얼마나 말랑말랑해지는지 느껴보길 바란다.

敏而好學(민이호학)하며 不恥下問(불치하문)이라
민첩하게 배우고, 아래 사람에게 묻는 것도
부끄러워하지 않는다.

— 公冶長篇(공야장편)

◆ **무지(無知) 허가증: 몰라도 괜찮아**

나보다 나이가 어리거나 직급이 낮은 사람에게, 그가 잘 알고 좋아하는 분야(취미, 요즘 트렌드 등)에 대해 딱 한 가지 질문을 던져보세요.

말과 행위의 틈

사람의 온도는 그가 지킨 약속의 두께로 측정된다. 우리는 혀끝으로 수많은 성을 쌓아 올리지만, 그 성이 비바람을 견디게 하는 건 혀끝이 아닌 투박한 손과 발의 움직임뿐이다.

"언제 밥 한번 먹자", "조만간 연락할게"라는 말이 습관처럼 허공에 흩어질 때가 있다. 기약 없는 인사는 당시엔 상대를 위한 배려처럼 보이지만, 실은 지키지 않아도 될 가벼운 면피용 멘트일 경우가 많다. 그런 말들이 겹겹이 쌓이면 관계에는 불신이라는 '이끼'가 낀다. 기대했다가 실망하는 일이 반복될수록, 마음의 문은 녹이 슬어 삐걱거리기 마련이다.

사소한 약속이라도 잊지 않고 챙기는 섬세함, 한 번 내뱉은 말은 기어이 행동으로 매듭짓는 우직함이 사람을 머물게 한다. 오늘 당신이 세상에 뿌린 말의 씨앗들은 열매를 맺고 있는가, 아니면 말라비틀어진 채 길바닥을 뒹굴고 있는가.

言必信(언필신)하며 行必果(행필과)라
말은 믿을 만하게 하고,
행동은 반드시 끝까지 해내야 한다.

— 子路篇(자로편)

◆ 신뢰가 쌓이는 약속 영수증

습관적으로 "밥 한번 먹자"는 말이 튀어나오려 할 때, 곧바로 스마트폰 달력을 켜서 "다음 주 화요일 점심 어때?"라고 구체적인 날짜를 찍어 물어보세요.

'탓'에서 '답'으로

핑계는 세상에서 가장 달콤한 진통제이다. 일이 꼬일 때마다 우리는 본능적으로 나 아닌 다른 범인을 찾아 두리번거린다. 약속 시간에 늦으면 야속한 신호등을 원망하고, 연인과 다투면 내 마음을 몰라주는 상대의 둔감함을 탓하며 억울해한다. "너 때문이야" 혹은 "어쩔 수 없는 상황이었어"라는 말 한마디면, 욱신거리는 자책감에서 잠시나마 도망칠 수 있기 때문이다.

하지만 문제의 원인을 밖으로 던져버리는 순간, 내 삶을 개선할 열쇠도 함께 잃어버리게 된다. 남 탓을 하고 핑계거리를 찾는 동안 나는 상황에 끌려 다니는 무력한 피해자로 남을 뿐이다. 반면 시선을 안으로 돌려 '내가 놓친 것은 무엇일까'를 고민하는 사람은 자기 삶의 주도권을 쥔다. 늦잠을 잤다는 사실을 인정해야 내일 알람을 더 크게 맞출 수 있고, 내 말이 다소 날카로웠음을 시인해야 관계를 다시 묶을 매듭을 찾을 수 있다.

세상이 온통 나를 괴롭히는 장애물로만 보인다면, 지금 당신의 검지가 어디를 가리키고 있는지 확인해보라. 그 손가락을 거두어 자기 가슴을 짚는 순간, 꽉 막혀 있던 벽이 탈출할 수 있는 문으로 변하는 해방감을 맛보게 될 것이다.

君子(군자)는 求諸己(구저기)요
小人(소인)은 求諸人(구저인)이니라
군자는 자신에게서 원인을 찾고,
소인은 남에게서 찾는다.

— 衛靈公篇(위령공편)

◆ **벽을 문으로 만드는 주문**

1. 〔**진통제 복용**〕 지금 가장 원망스러운 대상이나 상황을 솔직하게 적어보세요. (욕해도 좋아요!)
2. 〔**약효 확인**〕 남 탓을 하고 나니 상황이 해결되었나요?
   □ 해결됨 / □ 여전히 그대로임
3. 〔**열쇠 찾기**〕 이 상황에서 내가 통제하고 바꿀 수 있는 '한 가지'는 무엇인가요?

* 지금 당신 앞을 막고 있는 벽, 사실은 문일지도 모릅니다.

잘못을 고치는 용기

우리는 흔히 '고치다'라는 말을 무언가 망가졌거나 실패했을 때 쓰는 부정적인 단어로 여긴다. 오타를 수정하고, 계획을 변경하는 일은 애초에 완벽하지 못했다는 증거처럼 느껴지기 때문이다. 그래서 때로 우리는 틀린 길인 줄 알면서도, 자존심 때문에 혹은 매몰 비용 때문에, 멈춰 서서 지도를 다시 펴는 부끄러움을 피하려 엑셀을 더 세게 밟곤 한다.

하지만 삶에서 '수정'은 실패의 기록이 아니라, 더 나은 방향으로 나아가려는 지성의 증명이다. 내비게이션이 경로를 재탐색하는 것이 오류가 있었기 때문이 아니라 목적지에 닿기 위해 끊임없이 최적의 계산하는 과정이듯, 잘못을 인정하고 태도를 바꾸는 것은 삶의 궤도를 정상으로 돌려놓는 과정인 것이다.

그러니 뜯어고치는 것을 두려워하지 않아도 된다. 그것은 당신이 어제보다 오늘 더 현명해졌다는 징표니까.

過則勿憚改(과즉물탄개)니라

잘못이 있으면

고치기를 두려워하지 않는다.

— 學而篇(학이편) —

◆ '나'를 업데이트하기

실수를 인정해야 할 때, '죄송합니다'라는 말

뒤에 마침표를 찍지 말고 '덕분에 더 좋은 방법을

찾았습니다'를 덧붙여 말의 끝을 긍정으로 바꾸세요.

마음의 나침반이 가리키는 곳

만약 당신이 간절히 보고 싶은 사람이 지구 반대편이 아니라, 지금 당장 현관문만 열면 닿을 옆집에 살고 있다면 어떨까. 아마 헝클어진 머리를 대충 묶고 슬리퍼 차림으로라도 망설임 없이 뛰쳐나갔을 것이다. 보고 싶다는 마음의 온도가 체면이나 귀찮음을 순식간에 증발시켰을 테니까.

우리는 종종 '너무 멀어서', '시간이 없어서'라는 말을 방패막이 삼아 주저앉는다. 하지만 곰곰이 따져보면 발목을 잡는 건 그만큼 절박하지 않은 내 마음이다. 정말로 닿고 싶었다면 수백 킬로미터의 거리도 설레는 여정으로 보였을 것이고, 바늘구멍 같은 일정 속에서도 기어이 틈을 만들어냈을 것이다. 멀게만 느껴지는 꿈이나 희망은 내 마음이 아직 거기까지 갈 준비를 마치지 못했다는 증거일지도 모른다.

마음의 나침반이 정확히 목적지를 가리키면, 거리는 더 이상 장애물이 되지 않는다. 오늘 밤, 아득하게만 느껴져 미뤄뒀던 꿈이 있다면 계산기를 내려놓고 일단 작은 발걸음을 떼어보자. 생각의 빗장을 푸는 순간, 저 멀리 있던 목적지는 이미 당신의 보폭 안에 들어와 있을 것이다.

未之思也(미지사야)언정 夫何遠之有(부하원지유)리오

아직 생각하지 않았을 뿐이지,

어찌 멀다고 할 수 있겠는가.

— 子罕篇(자한편)

◆ **천 리 길도 한 걸음부터**

너무 멀어 보여서 엄두가 안 나나요? 거창한 계획을 세우느라 지치지 말고, 하고 싶은 그 일의 '첫걸음'을 딱 5분만! 지금 당장 실행해 보세요.

마찰열을 견디는 시간

다투고 난 뒤의 어색한 침묵 속, 화해의 문장마저 인공지능의 손을 빌려 완성하는 이들이 많아졌다. 잘못 고른 단어 하나가 이미 벌어진 틈을 더 깊이 파고들까 두려운 것이다. 정갈하게 조립된 사과문은 분명 읽기에는 편하다. 하지만 글자와 글자 사이에 배어 있어야 할 것, 다시 말해 어떻게 말을 꺼내야 할지 몰라 끙끙대던 망설임은 만져지지 않는다.

"도대체 어떻게 말해야 내 마음이 닿을까", 작은 화면 위에서 썼다 지우기를 반복하는 멈칫거림으로부터 도무지 어찌할 바를 몰라 혼자 앓던 막막함까지. 그 과정이 빠진 자리에는 아무리 잘 포장된 문장을 채워넣어도 결국 얄팍한 껍데기에 머물 뿐이다.

밤새 뒤척이는 그 마찰열을 피하지 말고 견뎌내 보자. 지난한 심사숙고의 끝에서 빚어낸 거칠고 어설픈 날것의 언어만이 두 사람 사이의 틈에 어떤 완벽한 문장보다 다정하게 스며들 것이다.

不曰如之何如之何者(불왈여지하여지하자)는

吾末如之何也已矣(오말여지하야이의)니라

어찌할까 어찌할까하며 심사숙고하지 않는 자는

나도 어찌할 수가 없다.

— 衛靈公篇(위령공편)

◆ **어찌할까, 나에게 묻는 시간**

〔STOP〕 멈춤: 지금 나를 괴롭히는 생각은?

〔FACE〕 직면: 고민의 늪에 기꺼이 머무르기.

〔ENDURE〕 심사숙고: 나만의 결론을 내릴 차례.

8

명료한
뺄셈의 미학

우리는 흔히 사랑과 배려가 무언가를 자꾸 '더해주는 일'이라고 착각한다. 맛있는 음식을 덜어주거나, 걱정이라는 포장지로 감싼 조언을 보태야 관계가 깊어진다고 믿는 것이다. 그래서 상대방의 표정이 굳어가는 줄도 모르고 내 방식대로의 친절을 쏟아붓곤 한다.

하지만 관계를 망치는 결정적인 원인은 '배려 없는 선의'일 때가 더 많다. 내가 신었을 때 편한 신발이라도 남에게는 불편한 신발일 수 있다. 내가 듣기 싫은 충고는 남에게도 소음이고, 내가 당하기 싫은 간섭은 남에게도 족쇄다. 평생을 곁에 두고 지켜야 할 단 하나의 원칙은 일방적인 덧셈이 아니라, 내가 괴로운 것을 타인에게 옮기지 않는 배려라는 이름의 뺄셈에 있다.

有一言而可以終身行之者乎
(유일언이가이종신행지자호)잇가
其恕乎(기서호)인저 己所不欲(기소불욕)을
勿施於人(물시어인)이니라
"평생 동안 지키며 살아갈
한마디 말이 있다면 무엇입니까?"
"서(恕)이다.
내가 원하지 않는 바를 남에게 베풀지 말라는
뜻이다."

— **衛靈公篇(위령공편)**

◆ '안 하기' 다짐

상대를 위한 조언이나 충고가 목구멍까지 차오를 때, '이건 내 불안을 잠재우려는 말이 아닐까?'라고 자문해 보세요.

Chapter 3.

사람을 알아보는 눈

和而不同

타인이라는 거울

만원 버스에서 거칠게 밀치고 내리는 누군가의 뒷모습을 보며 눈살을 찌푸리다가도, 그 무례함이 사실은 여유를 잃은 내 마음에도 존재한다는 것을 문득 깨닫곤 한다. 반대로 흔들리는 손잡이를 꽉 쥔 채 조용히 차창 밖을 응시하는 타인의 눈빛에서는 소란한 일상을 견디는 침묵을 배운다.

내 곁에 머무는 이들은 저마다의 방식으로 나에게 말을 걸어오는 살아있는 거울들이다. 어떤 이는 향기로운 시처럼 다가오고, 어떤 이는 찢어버리고 싶은 낙서처럼 보일지라도 그 모두가 나를 완성하기 위한 조각들이다.

오늘 하루 마주친 수많은 사람들 중, 마음을 건드린 누군가가 있었는가? 그 기억을 잠시 떠올려보는 것만으로도 내일의 우리는 조금 더 근사해질 것이다.

三人行(삼인행)에 必有我師焉(필유아사언)이라

세 사람이 함께 길을 가다 보면,

그중 누구에게서든 배울 점이 반드시 있다.

— 述而篇(술이편)

◆ **오늘의 선생님**

오늘 스쳐 간 사람들 중 '닮고 싶은 태도' 하나와

'반면교사로 삼을 태도' 하나를 마음속으로

정리해보세요.

다정함의 선

"그 사람은 참 착한데, 만나고 오면 이상하게 진이 빠져."

카페 옆자리에서 들려온 낯선 목소리가 내 귀를 잡아끌었다. 쉴 새 없이 고개를 숙이고, 별일 아닌 일에도 미안하다는 말을 입버릇처럼 달고 사는 누군가의 얼굴이 스쳐 지나갔다.

때로 지나친 공손함은 상대를 숨 막히게 한다. 뼈대가 없는 살점처럼 흐물거리는 친절은 받아내는 사람의 팔을 저리게 만들기 마련이다. 상대가 편안하게 쉴 자리를 내어주는 것이 아니라, 내가 이만큼 낮추고 있다는 사실을 확인받으려 하는 것만 같다. 친절이라는 그릇을 가득 채우고도 어지럽게 흘러넘치는 물은 닦아내야 하는 짐이 될 뿐이다,

혹시 너무 잘해주려다 관계가 어색해진 적은 없는지 돌아보자. 힘을 조금 빼고, 담백하게 웃어주는 것만으로도 충분할 때가 있다.

恭而無禮則勞(공이무례즉노)라

공손한 태도만 내세우고

예에 맞는 절도가 없으면,

오히려 상대를 지치게 만든다.

— 泰伯篇(태백편)

◆ 관계의 적정 온도

나의 친절은 지금 몇 도인가요?

□ 미안하지 않은 상황에서도 '죄송합니다'가 먼저 튀어나온다.

□ 상대가 거절할 기회를 주지 않고 무조건적인 호의를 베푼다.

□ 친절을 베푼 뒤 상대의 반응이 신통치 않으면 하루 종일 불안하다.

투박한 연필자국

너무 매끄러운 말은 발 디딜 곳 없는 빙판과 같다.

오랜만에 만난 지인이 숨 쉴 틈 없이 나에 대한 칭찬을 쏟아낸다. 옷이 근사하다는 둥, 얼굴이 폈다는 둥 감탄사를 연발하지만, 어쩐지 텅 빈 방에 홀로 남겨진 공허한 기분이 든다.

진심이 실리지 않은 말은 공기 중에 흩어지는 비눗방울과도 같다는 생각을 한다. 빛을 받으면 영롱하게 반짝이지만, 손끝이 닿는 순간 흔적도 없이 터져버린다. 표정과 언어를 지나치게 꾸며내는 사람은 남을 향한 칭찬에 자신을 담아내는 데 급급해 타인은 온전히 담아내지 못한다.

오늘은 조금 어눌하더라도 진심을 다해 한마디를 건네보자. 진심은 조금 거칠더라도 꾹꾹 눌러 쓴 연필 자국 속에 머무는 법이다.

巧言令色(교언영색)이 鮮矣仁(선의인)이니라

말을 지나치게 꾸미고

표정을 과하게 꾸미는 사람 중에는

마음이 어진 사람이 드물다.

— 學而篇(학이편)

◆ **진심 전하기**

오늘 누군가에게 안부를 전할 때, 상투적인 이모티콘 대신 조금 서툴더라도 직접 쓴 손글씨 사진을 찍어 보내보세요.

펄펄 끓는 주전자를 피한다는 것

펄펄 끓는 주전자 앞에 섰을 때 우리는 나도 모르게 뒷걸음질을 친다. 본능적으로 몸이 먼저 위험을 감지해 나를 보호하려는 것이다.

사람을 대하는 감각도 이토록 예민해야 한다. 곁에 머물고 싶은 인격을 지닌 사람을 발견하면 놓칠세라 숨이 차도록 달려가 그 온기를 배우려 애쓰고, 남을 깎아내리는 탁한 말 앞에서는 끓는 물에 손이 닿은 듯 화들짝 놀라 거리를 두는 것. 무심코 넘길만한 것에도 기민하게 반응하는 것은 내 영혼을 다치지 않게 하려는 건강한 방어기제다.

'불편함'을 '예민함'으로 얼버무린다면, 이미 마음의 피부가 딱딱하게 굳어버린 탓이다. 좋은 사람을 알아보는 눈은 '본능'이라는 살갗에 있다. 뜨거움을 뜨거움으로, 따스함을 따스함으로 느끼는 그 직관, 그 여린 살결을 유지하는 일이 곧 안목이다.

見善如不及(견선여불급)하며

見不善如探湯(견불선여탐탕)이라

좋은 행동을 보면 따라잡으려 하고,

좋지 않은 행동을 보면 뜨거운 물을 피하듯

멀리한다.

— 季氏篇(계씨편)

◆ 마음의 화상 방지

대화 도중 가슴이 답답하거나 묘하게 기분이 상한다면,

뜨거운 주전자를 피하듯 "화장실 좀 다녀올게"라고

말하며 물리적 거리를 확보하세요.

5

맞지 않는
퍼즐 조각

나는 한때 무조건적인 동의가 사랑인 줄 알았다. 상대와 조금만 의견이 엇갈리면 우리 관계마저 끊어질까 두려워, 내 생각을 꾹꾹 눌러 담고는 억지 미소를 지어 보이곤 했다.

돌이켜보면 그것은 갈등이 무서워 도망치는 비겁한 회피였다. 똑같은 멜로디만 반복하는 합주는 금세 지루해지기 마련이다. 서로의 다름을 틀림으로 받아들이지 않고, 호기심 어린 눈으로 바라봐 주는 것이 진정한 사랑이라는 것을 깨닫지 못한 채, 앵무새처럼 상대방의 말을 흉내 내기에 급급했다. 나와 전혀 다른 목소리로 화음을 쌓아주는 사람이야말로 내 세계를 무한히 확장해 주는 존재라는 것을 깨달은 것은 이미 너무 늦은 뒤였다.

그러니 우리, 억지로 맞지 않는 퍼즐 조각을 끼워 맞추려 애쓰지 말자. 서로의 모서리가 닿아 생기는 어설픈 빈틈, 그 사이로 신선한 바람이 드나들도록 넉넉하게 비워두자.

君子(군자)는 和而不同(화이부동)하고

小人(소인)은 同而不和(동이불화)니라

군자는 사람들과 원만하게 어울리되,

생각까지 억지로 맞추려 하지는 않는다.

반대로 소인은 겉으로는 한편이 된 듯 맞장구치지만,

진짜 조화에 이르지 못한다.

— 子路篇(자로편)

◆ 관계의 통풍구 만들기

오늘 점심 메뉴를 고를 때 습관적으로 '아무거나'나 '같은 걸로'라고 말했다면, 이번에는 조금만 더 생각해서 내가 진짜 먹고 싶은 것을 말해보세요.

투박한
검은 우산

소나기가 쏟아지는 창밖을 보는데, 화려한 무늬를 뽐내던 우산 하나가 바람 한 점에 힘없이 뒤집혔다. 겉모습만 화려할 뿐 정작 빗물을 막아낼 살대는 단단히 세우지 못한 탓이다.

관계도 이와 다르지 않다. 내 기분을 맞추려 입에 발린 말을 쏟아내거나, 상황에 따라 표정을 바꾸는 이는 무늬만 화려하고 살대는 부실한 우산과도 같다. 그들은 인생의 거센 비바람 앞에서 가장 먼저 나를 떠난다. 반면, 때로는 듣기 싫은 쓴소리로 내 중심을 잡아주고, 한결같은 태도로 믿음을 주며, 깊은 식견으로 길을 앞장서는 이는 투박하지만 튼튼한 검은 우산이다.

폭우가 쏟아질 때 비로소 우산의 진가가 드러나듯, 힘든 순간에야 사람의 본심이 보인다. 지금 곁에 있는 투박한 그 사람이, 사실은 궂은 날의 침묵을 함께 견뎌줄, 단단한 살대를 가진 검은 우산일지도 모른다.

益者三友(익자삼우)요 損者三友(손자삼우)니
友直(우직)하며 友諒(우량)하며 友多聞(우다문)이면
益矣(익의)오
友便辟(우편벽)하며 友善柔(우선유)하며
友便佞(우편녕)이면 損矣(손의)니라
살아가면서 우리에게 보탬이 되는 벗이 세 부류가
있고, 해가 되는 벗이 세 부류가 있다.
정직하고, 성실하며, 보고 들은 것이 많아 지혜로운
사람과 벗하면 유익하고,
요령을 피우고 아첨을 잘하며 말만 앞세우는 사람과
벗하면 해롭다.

— 季氏篇(계씨편)

◆ 검은 우산 찾기

최근 나에게 듣기 싫은 쓴소리나 걱정 어린 잔소리를 해준 친구가 있다면, 오늘만큼은 "솔직하게 말해줘서 고맙다"라고 먼저 문자를 보내보세요.

친절의 희소성

만약 당신의 친절이 하루에 딱 세 번만 쓸 수 있는 귀한 쿠폰이라면, 무례하게 어깨를 치고 간 행인에게 그것을 써버릴 것인가?

우리는 종종 '좋은 사람'이라는 강박에 갇혀, 나를 함부로 대하는 이에게조차 헤픈 미소를 짓곤 한다. 하지만 쓴소리를 들어야 할 사람에게 칭찬을 건네는 것은, 묵묵히 나를 아껴준 이들에게 돌아가야 할 몫을 훔치는 일과 같다. 나를 찌르는 가시 같은 사람에게는 단호한 무표정으로 선을 긋고, 나를 감싸주는 사람에게는 더 깊은 다정함을 내어주는 것. 우리는 그동안 무한리필 뷔페의 반찬처럼, 친절의 '희소성'을 잊은 채 너무 헤프게 써왔는지도 모르겠다.

모두에게 사랑받으려는 욕심은 나를 감싸주는 사람을 외롭게 만드는 무의미한 감정 소모일 뿐이다. 오늘은 나를 아프게 한 사람에게 낭비하던 감정을 거두어, 지금 곁에 있는 고마운 이에게 온전히 쏟아붓자.

以德報怨(이덕보원)이 何如(하여)하니잇고

子曰(자왈) 何以報德(하이보덕)고

以直報怨(이직보원)하고

以德報德(이덕보덕)이니라

"원한을 덕으로 갚는 건 어떻습니까?"

"그러면 덕은 무엇으로 갚겠는가?

원한에는 곧은 원칙으로 올바르게 대응하고,

덕은 덕으로 갚아야 한다."

— 憲問篇(헌문편)

◆ 덕을 덕으로 갚기

오늘 하루 남에게 낭비하지 않고 아껴둔 친절을,

소중한 사람에게 환한 미소로 선물하세요.

기꺼이 속아줄 여유

우리는 흔히 상처받지 않으려 잔뜩 날을 세우고, 상대의 호의 뒤에 숨겨진 꿍꿍이가 없는지 검색대를 통과시키듯 검열하는 태도를 '사람을 알아보는 현명함'이라고 착각한다.

하지만 진짜 사람을 알아보는 안목을 갖추려면 제일 먼저, 의심의 안개를 걷어내야 한다. 미리 짐작해 마음의 빗장을 걸어 잠그고 다가오는 진심마저 튕겨내지 말아야 한다. 속을지 모른다는 두려움 없이, 그저 오늘 내게 보여주는 표정과 말투를 투명하게 믿어주는 무던함이 역설적으로 가장 단단한 '안목'이 된다. 거짓은 어쩌면 오히려 끝까지 믿어주는 눈빛 앞에서 더 빨리 그 초라한 바닥을 드러내기 때문이다.

그러니 계산기를 두드리며 사람을 읽으려 애쓰지 말자. 일어날지 모를 배신을 걱정하느라 현재의 온기를 놓치는 것보다, 차라리 기꺼이 속아줄 여유를 가져야 이 관계의 진짜 주도권을 쥘 수 있다.

不逆詐(불역사)하며 不億不信(불억불신)이라
남이 나를 속일 거라고
미리 단정해 경계하지도 않고,
상대를 믿을 수 없다고
억측으로 몰아가지도 않는다.

— 憲問篇(헌문편)

◆ 의심의 레이더 끄기

상대의 말에 '혹시?'라는 의심이 고개를 들 때,
마음속으로 '속아도 내 인생에 별일 안 생긴다!'라고
쿨하게 외치며 계산기를 덮으세요.

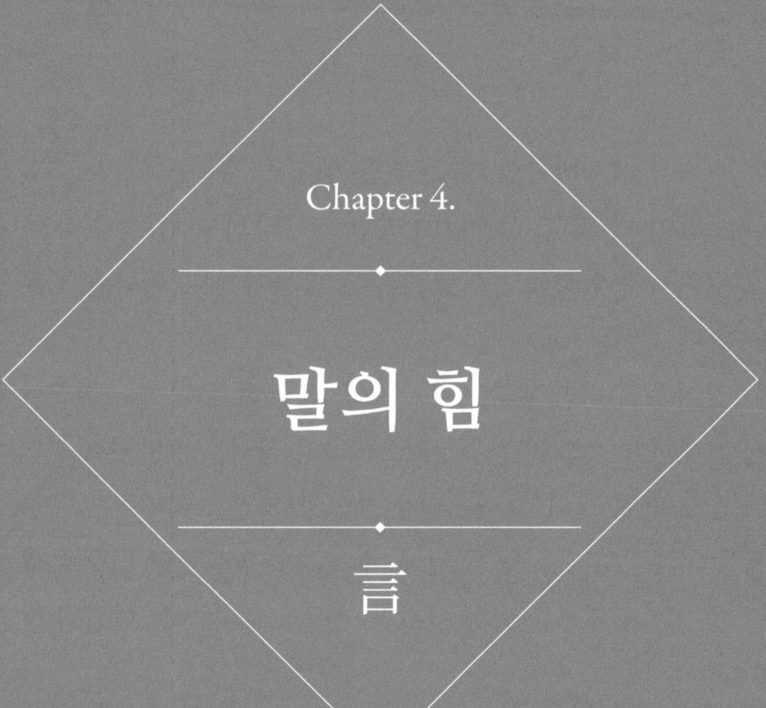

Chapter 4.

말의 힘

言

말의 무게

솔직히 고백하자면, 나는 말을 뱉고 난 뒤 돌아서서 후회하는 날이 더 많다. 오랜만에 만난 친구와의 저녁 식사 자리, 그저 침묵이 어색해 쏟아낸 섣부른 말들이 밤새 마음을 찌르곤 한다.

진심은 수려한 말솜씨가 아니라 묵묵히 움직이는 손끝에서 전해진다는 걸 자주 잊는다. 백 마디 설명보다 말없이 건넨 따뜻한 차 한 잔이, 소란스러운 조언보다 곁을 지키는 묵묵한 행동이 사람의 마음을 더 깊게 파고든다. 믿음이란 입술로 쌓아 올리는 위태로운 탑이 아니라, 행동으로 다지는 단단한 땅이다.

그러니 우리, 말이 앞서려 할 때 잠시 숨을 고르기로 하자. 설명하고 싶은 마음을 꾹 눌러 담아 그저 행동으로 보여주자. 당신의 깊은 생각은 굳이 소리 내지 않아도, 그 정성스럽고 조용한 움직임 속에 은은한 향기처럼 배어나올 것이다.

敏於事而愼於言(민어사이신어언)이라

일은 민첩하게 하고, 말은 신중하게 해야 한다.

— 學而篇(학이편)

◆ 말 다이어트

변명이나 해명의 말이 목구멍까지 차오를 때, 입을 여는 대신 시원한 물 한 잔을 천천히, 끝까지 마셔보세요.

멈춤의 미학

우리는 흔히 상대를 진심으로 아낀다면 끝까지 설득해서라도 바른길로 이끌어야 한다고 착각한다. 사랑하는 가족이나 친구가 엉뚱한 방향으로 발을 떼려 할 때, 침묵하는 것은 비겁한 방관이라 믿으며 기어이 한 마디를 보태려 애쓴다.

그러나 굳게 닫힌 문을 계속해서 두드리는 것은 무례한 소란만 일으킬 뿐이다. 아무리 귀한 마음으로 빚어낸 말이라도 상대가 그것을 받아낼 그릇이 준비되지 않았다면, 결국 컵의 물이 넘칠 때까지 계속 부으며 아집을 부리는 것과 같다.

진정 나의 뜻을 관철하고 싶다면 상대가 들이마실 숨구멍을 남겨두어야 한다. 나의 진심이 닿지 않아 튕겨 나올 것만 같을 때는, 내가 지금 하려는 말이 상대에게 약이 될지 독이 될지 헷갈릴 때에는 단호히 멈춰 서서 그가 스스로 깨달아 돌아올 때까지 여백을 남기며 기다려야 한다.

忠告而善道之(충고이선도지)하되

不可則止(불가즉지)하여 無自辱焉(무자욕언)이니라

진심을 다해 충고하고, 상대가 받아들일 수 있도록 부드럽게 이끌어 주어야 한다.

그러나 끝내 받아들이지 않는다면 거기서 멈추는 것이 옳다.

더 밀어붙여 모욕을 자초하지 말아야 한다.

— 顏淵篇(안연편)

◆ 1절만 하기

아무리 진심 어린 말이라도 딱 한 번만 말하고, 그 뒤엔 상대가 먼저 그 주제를 꺼낼 때까지 절대 다시 언급하지 마세요.

잃어버린
침묵의 무게

만약 오늘 당신이 뱉은 말들 중, 100% 확신할 수 없는 것들을 도로 삼켜야 한다면 어떨까. “아마 그럴걸?”, “누가 그러던데”라며 무심코 흘린 말들이 다시 목구멍으로 넘어올 때, 우리는 체하지 않고 버틸 수 있을까.

우리는 종종 얕은 귀동냥으로 들은 말을 마치 나의 생각인 양 착각하며 입 밖으로 내뱉곤 한다. 침묵이 어색해 어설프게 채워 넣은 소문과 추측은 결국 내 입을 떠나 누군가의 마음을 할퀴는 흉기가 되기도 한다.

정보의 홍수 속에서 우리는 잃어버린 침묵의 무게를 되찾아야 한다. 불확실한 것들을 뜰채로 걸러내고, 수많은 정보 속에서 내가 책임질 수 있는 알맹이만 골라낼 때, 말은 비로소 무게를 갖는다.

그러니 이제 혀끝에 맴도는 말을 잠시 멈춰 세워보자. 확신이 서지 않는 불순물은 과감히 걸러내고, 확실한 진실만 정수(淨水)하자.

多聞闕疑(다문궐의)요 愼言其餘(신언기여)면

則寡尤(즉과우)라

많이 들은 뒤, 확신이 서지 않는 부분은 제쳐놓는다.

그리고 나머지, 분명히 아는 것만 골라 신중하게

말하면 말실수가 줄어들어 허물이 적어진다.

— 爲政篇(위정편)

◆ 언어 정수기

누군가의 이야기를 옮기고 싶어질 때, '내가 직접 본

것인가?'라고 자문해 보고, 아니라면 그 문장을 입 밖으로

꺼내지 마세요.

진심은 눈으로 듣는 것

얼마 전에 만난 친구가 씁쓸한 웃음을 지으며 말했다.

"예전에는 사람 말이 곧 그 사람 마음인 줄 알았어. 그런데 그게 아니더라. 이제는 말이 아니라, 그 사람의 발끝이 어디로 향하고 있는지를 봐."

그때는 무심코 고개를 끄덕였지만, 돌아오는 길 내내 그 말이 가슴에 남았다. 우리는 종종 달콤한 약속에 취해, 정작 그 말이 딛고 서야 할 행동을 보지 못한다. 말은 공기 중에 흩어지는 안개와 같아서, 아무리 아름다워도 손에 잡히지 않는다. 진심은 화려한 입술 끝보다, 약속을 지키려 땀 흘리는 등 뒤에서 증명되는 법이다.

그러니 이제 누군가의 마음이 헷갈린다면, 잠시 귀를 닫고 눈을 크게 떠보자. 진심을 귀가 아니라 눈으로 듣는다면, 상대방을 향한 나의 믿음이 '환상'이었는지 '확신'이었는지에 대한 대답을 얻을 수 있을 것이다.

始吾於人也(시오어인야)에

聽其言而信其行(청기언이신기행)이러니

今吾於人也(금오어인야)에

聽其言而觀其行(청기언이관기행)이라

예전에는 사람의 말을 믿으면 그가 그렇게 행동할 것이라 믿었다.

그러나 지금은 말은 듣되, 그 말이 행동으로 이어지는지까지 본다.

— 公冶長篇(공야장편)

◆ 관계의 음소거

누군가의 진심이 헷갈리는 순간, 마음속 리모컨으로 '음소거' 버튼을 눌렀다고 상상하고 오직 그 사람의 행동을 눈으로 좇아보세요.

침묵을
견디는 힘

우리는 종종 상대의 말줄임표를 견디지 못한다. 친구가 힘겹게 속내를 꺼내려 잠시 숨을 고르는 찰나, 그 짧은 정적을 참지 못해 설익은 위로를 툭 던진다. “다 잘 될 거야”라거나 “내가 겪어봐서 아는데”라며 성급히 끼어드는 것이다.

그러나 그 섣부른 친절은 상대가 막 꺼내려던 진심을 도로 집어넣게 한다. 뜸이 덜 든 밥솥 뚜껑을 자꾸 열어보면 밥은 설익고 맛을 잃는다. 대화도 마찬가지다. 그가 머뭇거리는 시간은 할 말이 없어서 생기는 공백이 아니라, 마음 가장 깊은 곳에서 적당한 단어를 고르느라 생긴 신중함이다. 그 고요한 틈을 내 조급함으로 침범한다면 미처 꺼내지 못한 다음 한 마디는 영원히 듣지 못하게 될지도 모른다.

그가 스스로 생각의 마침표를 찍을 때까지, 그 침묵이 다소 어색하더라도, 그 빈칸을 묵묵히 견뎌내보자. 대화 중의 침묵을 ‘어색함’이 아닌, ‘밥이 뜸 들여지는 시간’이라고 생각해보자.

言未及之而言(언미급지이언)을 謂之躁(위지조)니라

말할 때가 아닌데 먼저 말하는 것을

조급함이라 한다.

— 季氏篇(계씨편)

◆ **기다림의 대화**

상대의 말이 끝난 것 같아도 바로 받아치지 말고, 속으로 '하나, 둘, 셋'을 천천히 센 뒤에 비로소 입을 여세요.

투명한 유리창처럼

깨끗하게 닦인 유리창은 존재감이 없다. 덕분에 우리는 창틀에 시선을 뺏기지 않고, 창 너머의 풍경을 있는 그대로 바라본다. 반면 화려한 무늬를 잔뜩 새겨 넣은 스테인드글라스는 그 자체로는 아름다울지 몰라도, 정작 바깥세상이 어떤 모습인지 보여주지 못한다.

우리의 말도 이런 유리창을 닮았다. 내 뜻을 전하고 싶은 간절함보다 잘 보이고 싶은 욕심이 앞설 때, 우리는 대화에 복잡한 무늬를 새겨 넣는다. 현학적인 단어를 신중하게 고르고, 문장을 길게 늘이며 포장하는 사이, 정작 건네고 싶었던 진심은 장식 뒤로 숨어버린다. 정작 상대방이 듣고 싶은 건 내 마음에 담긴 진심인줄도 모르고 말이다.

말은 그저 뜻을 실어 나르는 수단일 뿐, 그 자체가 주인공이 되어서는 안 된다. 투박하고 짧더라도 진심이 닿았다면, 그것으로 충분하다.

辭達而已矣(사달이이의)니라

말은 뜻이 통하면 그만이다.

— 衛靈公篇(위령공편)

◆ 마음의 유리창 닦기

복잡한 오해를 풀고 싶은 상대가 있다면, 구구절절한 해명 대신 '내가 전하고 싶은 진심'을 한 줄로 요약해 종이에 적어보세요.

소문의 늪

오랜만에 모인 술자리, 화제는 자연스레 자리에 없는 친구의 실패담으로 흘렀다. “글쎄, 걔가 그랬다며?” 확인되지 않은 ‘카더라’ 통신이 안주 삼아 오가자, 나는 흥미로운 표정으로 귀를 기울였다. 그때, 묵묵히 듣고만 있던 한 친구가 나직이 입을 뗐다. “우리가 모르는 사정이 있겠지. 여기까지만 하자.”

순간, 들떠있던 공기가 찬물을 끼얹은 듯 가라앉았다. 얼굴이 화끈거렸다.

우리는 남의 아픔을 가볍게 소비하고 있었지만, 그는 소문의 늪에서 중심을 잃지 않고 있었다. 귀로 들은 풍문을 입으로 바로 배설하지 않고, 마음이라는 체에 한 번 걸러내는 사람. 그 단단한 침묵이 얼마나 믿음직해 보이던지. 가십에 동조했던 나 자신이 부끄러워지는 순간이었다.

소란한 세상 속, 당신은 말을 실어 나르는 가벼운 통로인가, 아니면 그 말을 품어 정화하는 깊은 우물인가. 세상의 가벼운 말들이 당신이라는 깊은 우물을 만나 더 이상 퍼져나가지 않고 고요해지기를, 그 침묵 속에서 당신의 내면이 깊어지기를 바란다.

道聽而塗說(도청이도설)이면 德之棄也(덕지기야)니라

길에서 들은 말을 길에서 말하는 것은

스스로 덕을 버리는 일이다.

— 陽貨篇(양화편)

◆ 단호한 마침표

가십에 동조하고 싶은 유혹이 들 때, '이 말을 그 사람이 옆에 있어도 똑같이 할 수 있을까?'라고 스스로에게 물어보세요.

Chapter 5.

사람이 서는 바탕

信

수많은 연대 속에서

카페 테이블에 핸드폰을 올려둔 채 화장실을 다녀온다. 그 짧은 시간 동안 불안해하지 않는 까닭은, 내 물건을 지나치는 낯선 이들의 다정한 무관심을 믿기 때문이다. 지하철 선반에 두고 내린 지갑이 언젠가는 돌아올지도 모른다는 기대감 역시 이 무해한 짐작에서 출발한다.

우리는 매일 수많은 연대 속에서 살아간다. 내 곁에 선 사람이 갑자기 돌아서지 않을 것이라는 믿음, 저 사람이 나를 밀치지 않을 것이라는 믿음, 누군가 내 하루를 함부로 훼손하지 않을 거라는 믿음들이 얽히고설켜 불안한 일상을 지탱하는 뿌리가 된다.

흔들리는 궤도 속에서 우리가 매일 문밖을 나설 수 있는 것은 서로의 무게를 버텨주는 보이지 않는 신뢰가 곳곳에 깔려 있기 때문인지도 모르겠다.

民無信不立(민무신불립)이니라

백성에게 믿음이 없다면 나라는 바로 설 수 없다.

— 顔淵篇(안연편)

◆ 얇은 종이조각 건네기

오늘 하루 삐걱거리는 마음을 안고 있었을 지인에게,

'나는 언제나 네 편이야'라는 짧은 메시지를 보내보세요.

내 세상을 지탱하는 지반

지친 퇴근길, 엘리베이터를 잡아준 이웃에게 건넨 "감사합니다"라는 짧은 인사는 삭막한 철제 엘리베이터 안을 금세 온기로 채운다. 그 온기는 낯선 타인을 다정한 이웃으로 바꾸고, 뻣뻣하게 굳어 있던 내 표정까지 부드럽게 풀어준다. 말은 입을 떠나는 순간 단순한 소리로 흩어지지 않고, 그 사람이 지닌 내면의 깊이를 적나라하게 비추는 거울이 된다.

신뢰라는 것은 공들여 쌓아야 할 거대한 탑이기도 하지만, 실은 아주 미세한 진동에도 무너질 수 있는 예민한 속성을 지녔다. 무심코 던진 가벼운 농담이 내가 서 있는 곳을 모래처럼 허물기도 하고, 신중하게 건넨 투박한 위로가 흔들리는 관계를 단단한 반석 위에 다시 올려놓기도 한다. 내가 뱉은 단어 하나하나가 차곡차곡 쌓여 내가 딛고 설 세상의 지질을 결정하는 셈이다.

君子一言以爲知(군자일언이위지)하고

一言以爲不知(일언이위부지)니라

군자는 단 한마디 말로도 사람에게 신뢰를 얻고,

단 한마디 말로도 그 신뢰를 잃는다.

— 子張篇(자장편)

◆ 신뢰의 디딤돌

동료나 친구, 가족에게 건넬 첫 마디를 '피곤해' 대신 '덕분이야'로 바꾸어, 내가 딛고 설 단단한 디딤돌을 놓아보세요.

마음의 물성

우리는 흔히 '단단하다'는 말을 빈틈없이 견고하고, 무언가를 밀어낼 만큼 강한 상태라고 생각한다. 차가운 금속이나 매끄러운 대리석처럼 말이다. 하지만 과연 그럴까. 생각해 보면 금속이나 대리석은 정작 중요한 순간에 부러지거나 주변을 다치게 하곤 한다.

부드러울수록 결코 무너지지 않고 단단한 것이 있다. 타인의 모난 구석을 감싸 안는 넉넉함은 사람을 곁에 머물게 하고, 뱉은 말을 지키려 애쓰는 성실함은 타인의 마음을 얻는 신뢰의 담보가 된다. 묵묵히 제 몫을 다하는 태도가 삶의 결실을 맺게 하며, 치우침 없는 공정함은 굳어 있던 타인의 입꼬리를 느슨하게 풀어준다.

오늘 누군가가 푸념을 늘어놓을 때, 뾰족한 해결책을 제시하는 대신 그저 고개를 끄덕이며 끝까지 들어주는 '폭신한 쿠션'이 되어보자. 삶이 위태로울 때 우리를 지탱하는 힘은 이토록 따스하고 부드러운 물성(Texture)의 합이다.

寬則得衆(관즉득중)하고 信則民任焉(신즉민임언)하고
敏則有功(민즉유공)하고 公則說(공즉열)이니라
관대하면 사람을 얻고,
믿음이 있으면 사람들이 맡기며,
민첩하면 성과가 있고,
공정하면 사람들이 기뻐한다.

— 堯日篇(요왈편)

◆ 오늘의 마음 물성 체크

오늘 당신의 하루는 어떤 질감이었나요?

〔 〕타인의 실수를 지적했다

vs〔 〕실수를 덮어주며 기다려주었다 (관용)

〔 〕약속을 가볍게 여겼다

vs〔 〕작은 약속도 소중히 지켰다 (신뢰)

〔 〕요령을 피우며 미뤘다

vs〔 〕맡은 일을 끝까지 해냈다 (성실)

〔 〕내 기분대로 대했다

vs〔 〕누구에게나 공평하게 대했다 (공정)

약속의 무게

오래된 친구와 마주 앉아 밥을 먹다 문득 소름이 돋아 숟가락을 내려놓게 되는 순간이 있다. 무심코 뱉은 나의 말투가, 사소한 손짓 하나가 그를 꼭 닮아 있어서다. 우리는 서로를 비추는 거울이자, 가랑비처럼 서서히 서로의 계절을 바꾸는 존재들이다.

관계를 유지한다는 것은 단순히 외로움을 덜어내는 일이 아니라, 내 영혼의 질감을 결정하는 과정이다. 약속을 헌신짝처럼 여기거나 가벼운 거짓말을 일삼는 이들 틈에 섞여 있으면, 어느새 나조차 약속를 지키는 일을 유난스러운 고집으로 치부하게 된다. 무너진 담벼락 옆에 서 있으면 내 옷자락에도 흙먼지가 묻기 마련이니까.

主忠信(주충신)하며 毋友不如己者(무우불여기자)니라

충성과 신뢰가 있는 사람을 가까이 하며,

충성과 신뢰가 나보다 못한 사람과 벗하지 말라.

— 子罕篇(자한편)

◆ 관계의 울타리 치기

약속을 자꾸 미루는 친구에게 괜찮다며 웃어넘기는 대신,

정중한 침묵으로 관계의 울타리를 쳐보세요.

마음의 계산기를 끄다

솔직히 고백하자면, 나는 자주 관계 앞에서 계산기를 두드렸다. 부모님에게 안부 전화를 할 때도, 친구의 고민을 들어줄 때도 내 삶이 고단하다는 핑계로, 혹은 오히려 상처를 받을까 봐 두렵다는 핑계로 '이만큼만'이라고 보이지 않는 선을 긋곤 했다.

그러나 효율을 따져가며 쌓은 적당한 관계는 물을 섞은 주스처럼 밍밍하다. 밍밍해진 관계를 다시 진하게 만드는 비법은 내 마음의 바닥까지 긁어서 보여주는 '투박한 정성'에 있다.

이제는 계산기를 끄고, 내 마음의 전부를 건네는 연습을 했으면 한다. 대가를 바라지 않고 건넨 순수한 마음에 언젠가는 우리에게 가장 값비싼 선물이 되어 돌아올테니까 말이다.

賢賢易色(현현역색)하며
事父母(사부모)호되 能竭其力(능갈기력)하며
事君(사군)호되 能致其身(능치기신)하며
與朋友交(여붕우교)호되 言而有信(언이유신)이니라
어질고 훌륭한 사람을 좋아하고,
부모를 섬길 때에는 있는 힘을 다해 정성을 다하고,
윗사람을 모실 때에는 몸과 마음을 온전히 바치고,
또 친구와 사귈 때에는 한 번 한 말에 신의가 있어야 한다.

— 學而篇(학이편)

◆ 마음 가계부

계산적인 관계에 지쳐 있다면, 내가 먼저 '나는 무조건 네 편이야'라는, 계산기를 끈 메시지를 친구에게 보내보세요.

헐겁게 꿰맨 단추

아침 출근길 엘리베이터의 거울로 옷매무새를 다듬는데, 코트의 헐겁게 꿰맨 단추 하나가 거슬렸다. 처음엔 멀쩡해 보였으나, 오후의 분주한 움직임을 견디지 못하고 툭, 바닥으로 떨어지고 말았다. 애초에 실을 단단히 마무리하지 않고 서툴게 마무리한 탓이다.

사람 사이의 약속도 이 헐거운 단추와 꼭 닮았다. 우리는 종종 상대의 기대를 저버리기 싫어, 혹은 당장의 어색한 침묵을 피하려 지키지 못할 말을 내뱉는다. 하지만 내가 감당할 수 있는 무게인지, 도리에 맞는 일인지 살피지 않은 채 서툴게 건넨 호의는 결국 분주한 움직임에 뜯겨 나간 단추처럼 관계에 흉한 구멍만 남긴다. 조금 투박하더라도 괜찮다. 감당할 수 있는 진심을 꾹 눌러 담아 건네보자.

信近於義(신근어의)면 言可復也(언가복야)니라

말이 의로움에 가까우면
그 말은 나중에 반드시 지킬 수 있다.

— 學而篇(학이편)

◆ **약속의 매듭짓기**

거절이 너무 어렵다면, '전부는 못 하지만 이 부분까지만 도와드릴게요'라며 내가 감당할 수 있는 '진실의 한계선'을 먼저 그어보세요.

사랑하는 것들은 무겁다

덜컹거리는 퇴근 버스 안, 옆자리에 앉은 이가 꾸벅꾸벅 졸다 내 어깨에 머리를 툭 기댈 때가 있다. 순간적인 낯섦에 어깨를 털어낼 수도 있지만, 고단해 보이는 그 무게를 잠시 견뎌주기로 한다. 그 낯선 하중을 기꺼이 받아들이기로 한 순간, 우리 몸에선 묘한 변화가 일어난다.

살다 보면 필연적으로 내 어깨에 기대어 오는 것들이 있다. 그것은 늙어가는 부모님의 야윈 등일 수도, 아직 여린 아이의 미래일 수도, 혹은 나조차 감당하기 버거운 내 오랜 꿈일 수도 있다.

사랑하는 것들은 원래 무겁다. 가벼운 깃털은 작은 바람에도 순식간에 사라져 버리지만, 묵직한 바위는 태풍 속에서도 제자리를 지키듯, 내 삶을 지탱하는 것들은 예외 없이 무거운 하중으로 내 어깨를 짓누른다. 그 무게를 짊어지고 아직 보이지 않는 저 먼 끝까지 가야 하기에, 우리는 옹졸한 마음을 펴고 스스로 단단해져야 한다. 그게 우리가 기꺼이 굳세져야 하는 이유다.

士不可以不弘毅(사불가이불홍의)니

任重而道遠(임중이도원)이니라

선비는 마음이 넓고 굳세지 않으면 안 된다.

맡은 바가 무겁고 갈 길이 멀기 때문이다.

— 泰伯篇(태백편)

◆ 수고했어 오늘도

오늘 하루를 마치고 신발을 벗을 때, 수고한 두 발에게

'오늘도 고생했어'라고 나지막이 말해보세요.

8

가지런히
놓인 신발

현관문을 열었을 때, 제멋대로 헝클어진 신발들을 마주하면 이상하게 하루의 피로가 더 무겁게 느껴지곤 한다. 그 무질서함에 전염된 듯, 나도 모르게 신발을 툭, 아무렇게나 벗어던지기도 한다. 그러나 앞서 들어온 누군가가 두 발을 가지런히 모아둔 흔적을 발견할 때면, 누가 시키지 않았는데도 슬그머니 발뒤꿈치를 맞추고, 그 곁에 나란히 서고 싶어진다.

사람을 움직이는 힘은 바로 이 '가지런히 놓인 신발 한 켤레'에 있다. 우리는 종종 타인을 바꾸려 목에 핏대를 세우지만, 정작 내 삶의 현관이 엉망이라면 그 외침은 허공에서 흩어지는 소음일 뿐이다. 굽은 나무가 제 그림자더러 "왜 너는 똑바르지 않느냐"고 호통치는 풍경이 얼마나 우스운가. 그림자를 탓하기 전에 나무를 바로 세워야 하듯, 누군가의 마음을 얻으려면 내 삶의 무늬를 먼저 반듯하게 펴야 하는 것이다.

其身正(기신정)이면 不令而行(불령이행)하고

其身不正(기신부정)이면 雖令不從(수령부종)이니라

몸가짐이 바르면 명령하지 않아도 스스로 행동한다.

몸가짐이 바르지 않으면 아무리 명령해도 따르지 않는다.

— 子路篇(자로편)

◆ 솔선수범 의식

잔소리가 하고 싶어질 때, 그 내용을 직접 행동으로 옮겨 '무언의 메시지'로 보여주세요.

인정받지 못한다는 불안

우리는 모두 누군가에게 읽히기를 바라는 간절한 문장들이다. 공들여 쓴 메시지에 답장이 늦거나, 나의 노력을 아무도 알아주지 않을 때 우리의 마음은 토라진 아이가 되곤 한다.

세상이라는 거대한 도서관에서 내 이야기가 꽂힐 자리를 찾지 못해 서성이는 기분이 들 때가 있다. 그러나 정작 나를 읽어달라고 아우성치는 동안, 나는 타인이라는 책을 단 한 페이지도 정성껏 넘겨보지 않았던 것은 아닐까. 상대의 침묵이 나에 대한 무관심이 아니었음을, 그 무뚝뚝한 표정 뒤에 숨겨진 이야기를 읽어내지 못한 채 나의 서운함만 앞세웠던 것은 아닐까.

그 이해받고 싶다는 조바심으로 쓰인 문장은 오독(誤讀)되기 마련이다. 세상이 나를 몰라준다며 서글퍼할 필요 없다. 내 마음을 알아달라고 보채는 대신, 곁에 있는 사람의 눈빛을 천천히 읽어본다면, 그게 바로 '신뢰'의 첫 문장이 될 것이다.

不患人之不己知(불환인지불기지)요

患不知人也(환부지인야)니라

남이 나를 알아주지 않는 것을 걱정하지 말고,

내가 남을 제대로 알지 못함을 걱정하라.

— 學而篇(학이편)

◆ 타인 발견

지금 내 옆에 있는 사람을 잠시 관찰해 보고, 그동안 알아채지 못했던 그 사람만의 장점을 딱 하나만 찾아 마음속으로 칭찬해 주세요.

어째서 우리는 낯선 타인에게만 더 관대할까

우리는 더 높은 곳까지 올라가기 위해선 먼저 내 영향력을 멀리까지 알려야 한다고 착각한다. 그래서 바깥세상의 평판에 귀를 기울이고, 낯선 이들의 환심을 사려 애쓰느라 정작 내 옆 자리가 텅 비어있다는 사실은 깨닫지 못하곤 한다. 시선이 먼 지평선을 좇을수록, 바로 곁에 있는 사람의 표정은 시야에서 지워지기 마련이기 때문이다.

매일 나와 밥을 먹고 눈을 맞추는 이가 나로 인해 웃지 못하는데, 누가 그 곁을 부러워하며 찾아오겠는가. 꽃향기가 담장을 넘는 이유는 그 꽃이 뿌리 내린 자리에서 건강하게 피어있기 때문이다.

신뢰는 나와 마주한 사람을 따뜻하게 데워주는 것에서부터 시작된다. 가장 가까운 사람을 귀한 손님처럼 대해보자. 뿌리가 흔들리면 향기도 옅어질 수밖에 없다.

近者說(근자열)이면 遠者來(원자래)니이다

가까운 사람이 기뻐하면, 먼 사람도 찾아온다.

— 子路篇(자로편)

◆ VIP 대접하기

오늘 집에 들어가면 가족이나 반려자에게, 아무런 이유 없이 "그냥, 고마워서"라며 따뜻한 물 한 잔이나 차를 직접 타서 건네보세요.

손잡이가 헐거워진 칼

우리는 흔히 날카로운 재능이 나를 증명하는 최고의 무기라고 착각한다. 남들보다 더 빨리, 더 높이 오르는 능력만이 성공의 열쇠라 믿으며 쉼 없이 자신을 갈고닦는다.

하지만 손잡이가 헐거워진 칼은 아무리 날이 서 있어도 쓸 수가 없다. 휘두를수록 주변을 다치게 하거나, 정작 중요한 순간에 손에서 미끄러져 버린다. 손잡이가 헐거워진 칼은 쓸모를 잃은 채, 어디로 튈지 모르는 불안함만 남길 뿐이다. 타인은 불안한 사람에게 기회를 주지 않는다.

날카로운 칼날에만 집착하느라 정작 손잡이를 잊고 살고 있진 않은가. 진정한 성공의 열쇠는 타인이 안심하고 기댈 수 있는 투박하고 정직한 신뢰에 있다.

人而無信(인이무신)이면 不知其可也(부지기가야)로라

사람이 신뢰를 잃으면,

재능이 있더라도 도대체 어디에 쓸 수 있겠는가?

— 爲政篇(위정편)

◆ 나의 칼날과 손잡이

당신의 칼날은 날카롭습니다. 하지만 그 칼을 쥘 손잡이는 튼튼한가요?

Chapter 6.

머무는 자리

仁

마음의 이사(移徙)

카페에서 자리가 불편하면 우리는 곧장 자리를 옮긴다. 에어컨 바람이 닿거나 의자가 딱딱하면 주저 없이 일어나 내 몸 하나 편히 쉴 곳은 기가 막히게 찾으면서, 이상하게도 사람 사이에서는 미련할 정도로 참아낸다. 날 선 농담이 오가는 술자리, 묘한 긴장이 흐르는 단톡방을 억지로 견뎌야만 뒤처지지 않는다고 믿으며 스스로를 차가운 바닥에 방치한다.

지혜란 내 영혼이 다치지 않을 안전한 곳을 알아보는 눈이다. 나를 자꾸 의심하게 만드는 곳, 냉소와 비난으로 나를 움츠러들게 하는 관계 속에 자신을 방치하는 것은 무지이다. 그러니 이제는 불편한 의자에서 일어나듯, 나를 존중하지 않는 관계에서는 조용히 걸어 나와도 괜찮다. 서로의 다정함이 오가는 곳에 내 마음의 주소를 두는 일. 그것이야말로 나 자신에 대한 가장 기본적인 예의이자, 무너지지 않는 삶을 위한 첫 번째 지혜일 테니까.

里仁(이인)이 爲美(위미)하니

擇不處仁(택불처인)이면 焉得知(언득지)리오

어진 곳에 머무는 것이 가장 좋다.

어진 곳에 머물기를 선택하지 않으면서

어떻게 지혜롭다고 할 수 있겠는가.

— 里仁篇(이인편)

◆ **디지털 거리두기**

알림이 울릴 때마다 미간이 찌푸려지는 단체 대화방이 있다면, 죄책감 갖지 말고 지금 당장 '알림 끄기(무음)'를 설정해 보세요.

고요한 우물

아파트 화단에서 묵묵히 잡초를 뽑는 경비원의 등은 고요하다. 배달 오토바이가 굉음을 내며 지나가고, 분리수거장 앞에서 날선 소리가 오가도 그는 호미질을 멈추지 않는다. 흙을 다독이는 그 손길에는 바깥의 소란이 감히 침범하지 못하는 잠잠한 평화가 흐른다.

마음의 밑바닥이 얕은 사람은 작은 바람에도 흙탕물을 일으킨다. 힘겨운 날엔 뾰족해져서 주변을 찌르고, 좋은 날엔 들떠서 제 분수를 잊는다. 그러나 내면에 깊은 우물을 품은 사람은 가뭄에도 쉽게 마르지 않는다. 그는 메마른 날에도 스스로 깊어져 고요를 짓는 것을 택한다.

어짊이란 어떤 계절에도 시들지 않는 마음의 체력이다. 소란한 세상 한가운데서도 나를 잃지 않고 스스로 울창한 숲이 되어 숨 쉬는 일이다.

不仁者(불인자)는 不可以久處約(불가이구처약)이며

不可以長處樂(불가이장처락)이니

仁者(인자)는 安仁(안인)하고

知者(지자)는 利仁(이인)이니라

어진 마음이 없는 사람은

궁핍하고 힘든 상황을 오래 견디지 못하고,

즐거운 때도 오래 이어 가지 못한다.

교만방자해지기 때문이다.

어진 사람은 '어진 삶' 자체에 머무는 것이 편안하다.

지혜로운 사람은

어짊을 삶의 전략으로 삼아 실천한다.

— 里仁篇(이인편)

◆ 마음의 소음 차단기

화가 나거나 마음이 들뜰 때, 하던 일을 멈추고 두 발바닥이 바닥을 지탱하는 감각에 10초간 집중하며 "나는 깊은 우물이다"라고 속으로 되뇌어 보세요.

제대로 미워할 줄 알아야
제대로 사랑할 수 있다

우리는 흔히 '좋은 사람'이란 누구에게나 친절한 사람이라고 착각한다. 거절 한 번 못 하고, 무례한 농담에도 허허 웃어넘기는 모습을 얼핏 보고는 마음이 넉넉하다고 여긴다.

하지만 잡초와 꽃을 구분하지 않는 정원사의 정원은 곧 삭막한 황무지가 된다. 무례하게 덩굴손을 뻗어오는 태도까지 사람 좋은 미소로 그저 받아주다 보면, 내 마음 가장 깊은 곳에 심어둔 여린 꽃들은 억센 잡초 뿌리에 휘감겨 질식하고 만다.

싫은 것을 단호히 밀어내는 울타리가 없다면 간절히 좋아하는 것을 지켜낼 공간도 남지 않는다. 때로는 서늘한 가위질로 잘라낼 줄 알아야 비로소 뜨겁게 피어나는 것들을 온전히 안아줄 수 있는 법이다.

惟仁者(유인자)아 能好人(능호인)하며

能惡人(능오인)이니라

오직 어진 사람만이

남을 제대로 좋아할 수 있고,

제대로 미워할 수 있다.

— 里仁篇(이인편)

◆ 가지치기 의식

나를 감정 쓰레기통처럼 쓰는 사람이 있다면, 그 사람의 이름 옆에 마음속으로 '잡초'라는 라벨을 붙이고 감정적 거리를 둬보세요.

라일락 꽃향기 아래

라일락 나무 아래를 지나면 코끝에 보랏빛 향기가 밴다. 꽃은 그저 그 자리에 서서 숨을 쉴 뿐인데 스쳐 가는 바람마저 달콤하게 물들인다. 뿌리부터 줄기, 잎사귀 끝까지 향기를 머금고 있기에 뿜어져 나오는 숨결마다 향기롭지 않은 것이 없다.

마음의 방향을 선함에 둔 사람도 이와 같다. 내면의 깊은 곳, 생각의 뿌리가 따스함으로 채워져 있다면, 남을 해치거나 아프게 하려는 날 선 영혼은 이미 사랑이 가득 찬 뿌리 속에서 자라날 틈을 찾지 못한다. 맑은 샘물이 쉴 새 없이 솟아올라 바닥의 오물을 밀어내듯, 당신의 의지가 이미 향기로운 곳을 향해 흐르고 있기에 그 끝에서 맺힐 말과 행동 또한 악취를 풍길 수 없는 자연스러운 정화(淨化)인 것이다.

苟志於仁矣(구지어인의)면 無惡也(무악야)니라

진심으로 '인(仁)'을 삶의 목표로 삼는 사람이라면,

그 마음과 행동에서 악한 뜻이 나올 리 없다.

— 里仁篇(이인편)

◆ **무해한 친절**

오늘 엘리베이터나 가게에서 마주친 낯선 사람에게,

보답을 바라지 말고 눈을 맞추며 가볍게 목례나 미소를

건네보세요.

숲이 깊어야 새가 찾아온다

퇴근길 아파트 입구에서 잠시 발걸음을 멈춘다. 앞서 가던 주민이 양손 가득 짐을 든 택배 기사를 위해 말없이 유리문을 잡아주고 있다. 기사님이 엘리베이터에 다 탈 때까지 기다려주는 그 뒷모습이 낡은 외투처럼 투박하지만 든든하다.

유독 셈이 빠른 세상이라, 우리는 손해 보지 않으려 잔뜩 신경을 곤두세우곤 한다. 남을 먼저 배려하는 마음이 약점이 될까 봐, 혹은 나만 바보처럼 덩그러니 남겨질까 봐 두려워 친절을 주머니 깊숙이 숨기기도 한다. 그러나 숲이 무성해져 그늘이 짙어지고, 나무와 나무가 어깨를 걸어 깊은 숲을 이룰 때, 비로소 새들이 찾아와 둥지를 튼다. 마음의 품이 넉넉한 사람 곁에는 반드시 그 온기를 알아보는 이들이 깃들기 마련이다.

타인을 위해 기꺼이 빈 의자 하나를 내어주자. 누군가에게 내어준 따스한 한 뼘이 자석이 되어 비슷한 결을 가진 좋은 사람들을 당신 곁으로 데려올 것이다.

德不孤(덕불고)라 必有隣(필유린)이니라

덕을 지닌 사람은 결코 외롭지 않으며,

반드시 그 곁에 뜻을 같이하는 이들이 모여든다.

— 里仁篇(이인편)

◆ 작은 나눔

편의점이나 카페에서 내 것을 살 때 1+1 상품이나 작은 간식을 하나 더 사서, 동료나 경비원, 혹은 택배 기사님께 "그냥 드리고 싶어서요"라며 건네보세요.

나무의 거리두기

숲의 나무들은 서로의 볕을 가리지 않는다. 제 자리에 곧게 서서 하늘을 향하되, 옆 나무와 적당한 거리를 두어 바람이 지날 길을 기꺼이 내어준다. 빽빽한 숲이 답답하지 않고 오히려 시원한 숨을 틔워주는 이유는 나무들이 지키는 적당한 간격 덕분이다.

숲을 보며 우리의 관계를 돌아본다. 우리는 불안해서 뭉치고, 외로워서 엉킨다. 내 편, 네 편을 가르지 않으면 내가 설 자리가 없는 것 같아 누군가를 깎아내리는 험담에 슬쩍 고개를 끄덕이기도 한다. 하지만 그렇게 형성된 연대는 폭풍우가 치면 가장 먼저 망가지는 얄팍한 덩굴에 불과하다. 너무 가깝지 않아도 되고, 억지로 섞이려 하지 않아도 된다. 산뜻한 거리를 유지하며 시원한 숨을 틔울 때 당신의 곁으로 불어오는 바람이 맑아지는 것을 느껴보라.

君子(군자)는 矜而不爭(긍이부쟁)하고
群而不黨(군이부당)이니라
군자는 품위를 지키고 원칙을 굽히지 않되,
굳이 싸움판 한가운데로 들어가지는 않는다.
사람들과 잘 어울리고 협력할 줄 알지만,
무리 지어 누군가를 배제하는 데는 끼지 않는다.

— 衛靈公篇(위령공편)

◆ 물리적 거리두기

감정이 격해지는 논쟁이나 편 가르기 상황이 벌어지면, "잠시 생각할 시간이 필요해요"라고 말하고 창문을 열거나 바깥바람을 쐬며 내 마음의 환기부터 시키세요.

투명한 유리가방

만약 당신의 마음이 투명한 유리 가방에 담겨 있다면 어떨까. 그 안에 지갑이나 휴대폰 대신, 어제 누군가를 향해 흘린 질투나 슬쩍 외면해버린 양심이 고스란히 들어있다면 말이다.

아마 남들이 볼까 두려워 가방을 외투 속에 감추거나, 누구와도 눈을 마주치지 못한 채 도망을 칠지도 모른다. 우리가 일상에서 느끼는 이유 모를 불안은, 어쩌면 들키고 싶지 않은 마음의 얼룩들이 안에서 달그락거리는 소리일 수 있다.

어질다는 것은 나 자신에게 떳떳해지는 일이다. 구겨진 구석 없이 활짝 펼쳐진 마음은 드넓은 평원과 같아서, 어떤 바람이 불어도 숨을 곳을 찾느라 허둥대지 않는다.

오늘은 마음 한구석에 웅크린 뾰족한 생각 하나를 끄집어내어 햇볕 아래 털어버리자. 속이 훤히 비치는 가방을 메고도 휘파람을 불며 걷는 그 가벼운 자유가 당신의 하루가 되었으면 한다.

君子(군자)는 坦蕩蕩(탄탕탕)이요
小人(소인)은 長戚戚(장척척)이니라
군자는 스스로를 돌아보아도 꺼릴 것이 없어
마음이 트여 있고 편안하지만,
소인은 잘못을 반복하기에
늘 불안과 걱정을 안고 산다.

— 述而篇(술이편)

◆ 폐기 의식

지금 당장 종이 한 장을 꺼내어, 남에게 말 못 할 내 마음의 짐(질투, 거짓말, 미안함)을 1개 적은 뒤 잘게 찢어서 쓰레기통에 버리세요.

빈 공간에서 자라나는 것

우리는 종종 불안한 마음에 사랑이라는 이름의 물조리개를 쉴 새 없이 들이댄다. 하지만 흙이 마를 틈 없이 쏟아붓는 관심은 뿌리를 썩게 만들고, 서로의 체온은 따뜻함이 아닌 숨 막히는 열기로 변질되곤 한다.

상대가 목마르기도 전에 먼저 채워주는 조급함은 고마움이 자라날 여백을 앗아갈 뿐이다. 그러니 가끔은 소중한 이에게 '부재(不在)의 시간'을 선물하자. 적당한 갈증이 있어야 물 한 모금이 비로소 달게 느껴지는 법이다. 당신이 비워둔 그 산뜻한 거리 사이로, 그리움이라는 건강한 새살이 돋아나기를.

事君數(사군삭)이면 斯辱矣(사욕의)요

朋友數(붕우삭)이면 斯疏矣(사소의)니라

임금을 대할 때 성급하면 스스로를 가볍게 만들어 모욕을 부르고, 친구 관계에서도 급하면 마음의 거리가 벌어진다.

— 里仁篇(이인편)

◆ 언어의 여백

사랑하는 사람이 지쳐 보일 때 꼬치꼬치 묻는 대신, "혼자 있고 싶으면 언제든 말해줘, 밖에서 기다릴게"라고 정중한 고독을 제안해 보세요.

Chapter 7.

자리에 따른 태도

正名

네모난 그릇에 담긴 물

우리는 흔히 '한결같음'을 '솔직함'이라 착각한다. 언제 어디서나 똑같은 표정, 똑같은 말투를 고집하는 것이야말로 가식 없는 태도라 믿으며 상황에 맞춰 나를 바꾸는 것은 변절이라고 여기곤 한다.

하지만 진정한 어른의 솔직함은 그 상황에 가장 필요한 온도를 찾아내는 능력에 있다. 위로가 절실한 친구 앞에서 "냉정하게 말해서"라며 분석의 칼날을 들이대거나, 가벼운 농담이 오가는 술자리에서 엄숙한 재판관이 되어 분위기를 얼어붙게 만드는 것. 그것은 뚝심이 아니라 타인의 감정을 읽지 않겠다는 아집이다.

문턱을 넘을 때마다 우리는 기꺼이 다른 배역을 입어야 한다. 누군가에게는 다정한 청자(聽者)가 되었다가, 또 다른 자리에서는 단호한 책임자가 되어주는 유연함. 물이 네모난 그릇에서는 네모가 되고 둥근 그릇에서는 둥글게 흐르듯, 상대를 위해 나의 뾰족한 모서리를 부드럽게 깎아내며 다정한 수고로움을 감수하자.

君君臣臣父父子子(군군신신부부자자)니이다

임금은 임금답게 처신하고,

신하는 신하로서의 본분을 지키며,

부모는 부모답게 책임을 다하고,

자식은 자식으로서 도리를 다해야 한다.

— 顔淵篇(안연편)

◆ **다정한 수고로움 감수하기**

대화 중 내 주장이 너무 강해 분위기가 딱딱해졌다고 느껴지면, '나는 지금 네모난 그릇에 담기는 물이다'라고 되뇌며 어깨에 들어간 힘을 툭 떨어뜨려 보세요.

타인의 삶에
선불리 침범한 적

나는 걱정이라는 이름으로 타인의 삶에 섣불리 침범한 적이 있다. 친구의 고민 앞에서 마치 내 일인 양 흥분하며, 이래라저래라 정답을 강요했던 부끄러운 기억이다. 내가 겪지 않은 타인의 고통을 다 안다고 착각할 때, 위로는 폭력이 된다는 것을 미처 몰랐던 것이다.

아무리 가까운 사이라도 타인의 운전대를 대신 잡아줄 수는 없다. 비탈길을 오르는 고단함과 핸들의 묵직함은 오직 그 자리에 앉은 사람만이 안다. 옆에서 두는 훈수는 오히려 운전자의 집중을 흐리는 소음이 될 뿐이다. 그가 스스로 페달을 밟아 나갈 힘이 있음을 믿고 기다리는 침묵 속에 존중이 있다.

이제 섣불리 핸들을 뺏으려던 손을 거두고 조수석에서 묵묵히 믿어주자. 각자의 인생에는 저마다의 속도와 방향이 있다.

不在其位(부재기위)하여는 不謀其政(불모기정)이니라
자기의 자리가 아니면 그 자리의 일을 논하지 말라.

— 憲問篇(헌문편)

◆ **좋은 관계를 위한 '조수석 에티켓'**

당신은 믿음직한 동승자인가요,
아니면 시끄러운 잔소리꾼인가요?

□ 가상 브레이크 밟기: 그가 실수할까 봐 내가 더 안절부절못하며 미리 비명을 지른 적이 있다.

□ 내비게이션 끄기: 그가 아는 길을 가는데도 "이쪽이 더 빨라"라며 내 방식을 강요했다.

□ 핸들 뺏기: 답답함을 참지 못하고 "비켜봐, 내가 할게"라며 주도권을 뺏은 적이 있다.

누가 먼저 움직이는가?

만약 당신이 누군가에게 건네는 조언이, 당신이 먼저 몸을 움직여야만 상대에게 들리는 규칙이 생긴다면 어떨까. 아이에게 "방 좀 치워라"라고 말하려면 내가 먼저 휴지를 주워야 하고, 동료에게 "함께 힘내자"라고 하려면 내 손에 든 짐부터 고쳐 매야 한다면 말이다.

아마 우리는 하루 종일 입을 떼지 못한 채 눈치만 살필지도 모른다. 편안한 의자에 앉아 말로만 방향을 가리키는 일에 너무 익숙해진 탓이다. 그러나 정작 사람을 움직이는 힘은 묵묵히 앞장서는 등에서 나온다. 땀방울이 섞이지 않은 훈수는 공허한 메아리 같아서 상대의 귓가만 맴돌 뿐 가슴에 닿지 않는다. 가장 먼저 신발 끈을 조여 매고 진흙탕을 밟아야만 사람을 이끌 수 있는 것이다.

오늘 누군가에게 하려던 그 말을 잠시 삼키고 당신의 손을 먼저 더럽혀보자. 말없이 움직이는 당신의 그림자를 보고, 멈춰 있던 상대의 마음도 비로소 당신을 따라 걷기 시작할 것이다.

子路問政(자로문정)한대
子曰(자왈) 先之勞之(선지로지)니라
자로가 정치에 대해 묻자, 공자가 말하였다.
"먼저 앞장서라. 그리고 사람들과 함께 땀 흘려라."

— 子路篇(자로편)

◆ 침묵의 리더십

오늘 가족에게 "치워라"라고 잔소리하고 싶은 것이 눈에 띄면, 내가 먼저 묵묵히 그것을 줍거나 정리하는 뒷모습을 보여주세요.

도망치지 않는 날들이 모여

얼마 전, 오랜만에 만난 친구가 식어가는 커피잔을 만지작거리며 툭 뱉었다.

"매일 똑같은 자리를 지키는 게 무슨 의미가 있나 싶어."

그의 푸념은 쳇바퀴 같은 일상을 견디는 우리 모두의 독백 같았다. 우리는 종종 반복되는 하루를 정체라고 착각하며, 어딘가로 훌쩍 떠나는 것만이 자유라 믿는다. 하지만 진정한 성취는 지루해 보이는 그 자리를 묵묵히 지키며 데우는 것으로부터 시작되는 것이다. 권태가 밀려올 때 도망치는 대신, 매일 똑같이 건네는 인사 한 마디에 정성을 꾹꾹 눌러 담는 것. 그것이 내 삶을 지탱하는 뿌리가 되는 것이다.

지금 이 순간, 친구에게 미처 하지 못한 말을 마음으로 전한다. 네가 버티고 서 있는 그 자리가 결코 초라한 감옥이 아님을. 비바람에도 꺾이지 않고 제자리를 지키는 나무처럼, 너의 성실함은 이미 누군가에게 숭고한 그늘이 되어주고 있다는 것을.

居之無倦(거지무권)이요 行之以忠(행지이충)이니라

마음먹은 것은(일에는) 지치지 말고 끝까지 지켜라.

그리고 어떤 일을 하든

중심에는 충실함을 두고 행동하라.

— 顔淵篇(안연편)

◆ 고생한 나에게

퇴근하기 직전, 하루 종일 내 무게를 견뎌준 의자에게

"오늘도 이 자리를 따뜻하게 데우느라 고생했어"라고

스스로를 격려해 주세요.

나를 지키는 닻

친구가 여행을 떠나며 나에게 맡긴 화분 하나를 떠올려보자. 타인의 부탁으로 떠안은 그 사소한 생명을 지키겠다는 약속은, 처음에는 번거로운 숙제처럼 느껴질 수 있다. 그러나 흙이 마를 때를 기다려 물을 주고, 볕을 쬐어주려 창문을 여는 그 규칙적인 돌봄 속에서, 화분은 어느새 내 흐트러진 일상을 붙들어 매는 묵직한 닻이 된다. 누군가를 위해 기꺼이 감당한 불편함이, 오히려 나의 하루를 무너지지 않게 지탱하는 구심점이 되는 것이다.

물을 줄 때마다 나는 누군가에게 믿음을 주는 사람이 되고, 그 확신은 세상의 어떤 유혹이나 위기 앞에서도 나를 잃지 않게 붙들어준다. 원칙을 지키고, 계산기를 두드리지 않는 당신의 그 우직함이, 누군가에게는 세상이 무너져도 믿을 수 있는 유일한 안식처가 된다.

可以託六尺之孤(가이탁육척지고)하며

可以寄百里之命(가이기백리지명)이요

臨大節而不可奪也(임대절이불가탈야)면

君子人與(군자인여)아 君子人也(군자인야)니라

어린 임금을 맡겨도 흔들리지 않고, 나라의 중요한 권한을 대신 맡겨도 감당할 수 있으며, 국가의 큰 갈림길 앞에서도 원칙을 빼앗기지 않는 사람이라면 군자다운 사람이라 하지 않을 수 없다.

— 泰伯篇(태백편)

◆ 나의 닻

오늘 업무나 육아로 어깨가 무거울 때, 한숨을 쉬는 대신 '이 무게가 나를 세상에 단단히 고정해주고 있다'라고 속으로 묵직하게 되뇌어 보세요.

사람을 움직이는 힘

요즘 직장인들 사이에서 '조용한 사직'이 소리 없는 유행처럼 번지고 있다. 받은 만큼만 일하고 마음은 절대 내어주지 않는 것이 상처받지 않는 현명한 처세술로 통한다. 반대편에서는 요즘 사람들은 끈기가 없다며 혀를 차는 소리가 들린다. 서로를 언제든 대체 가능한 소모품이나 꽉 막힌 꼰대로 규정하며 날 선 벽을 세우는 풍경이 씁쓸하다.

왜 우리는 한 배를 타고도 서로 다른 곳을 보며 노를 저을까. 이 차가운 거리감은 어디에서부터 오는 것일까.

관계에 다시 온기가 돌게 하는 힘은 언제나 높은 곳에서 낮은 곳으로 흐르는 법이다. 윗사람이 먼저 권위라는 무겁고 뻣뻣한 외투를 벗어두고 다가설 때 아랫사람도 굳게 잠가두었던 마음의 빗장을 푼다. 존중이 봄비처럼 낮은 곳으로 스며들고, 그렇게 다져진 바닥 위에서 신뢰는 더욱 견고하게 쌓인다.

君使臣以禮(군사신이례)하며

臣事君以忠(신사군이충)이니이다

윗사람은 아랫사람을 예로써 대하고,

아랫사람은 윗사람을 충성과 성실함으로 섬겨야 한다.

— 八佾篇(팔일편)

◆ **권력 디톡스**

업무를 지시할 때 "이것 좀 해"라는 명령형 대신, "이 부분이 중요한데 좀 도와줄 수 있을까?"라고 정중한 부탁의 형식을 빌려보세요.

다가올 파도를 헤아리는 시선

가장 편안한 오늘을 보내기 위해서는 내일의 근심을 앞당겨 앓아야 한다. 가족 여행을 앞두고 꼼꼼히 날씨를 살피고 식당 휴무일을 확인하는 가장의 분주함을 떠올려보자. 그가 남보다 먼저 고생스럽게 내일의 근심을 앞당겨 앓은 덕분에, 아이들은 비에 젖지 않고 따뜻한 밥을 먹으며 해맑게 웃을 수 있는 것이다.

어른의 자리란 운전대를 잡은 사람과 같다. 동승자들이 차창 밖 풍경에 취해 있을 때, 홀로 눈을 크게 뜨고 저 멀리 굽은 길과 신호등을 예측해야 한다. 그 자리의 주인이 당장의 편안함에 취해 시선을 코앞에만 두면, 차에 탄 모든 이의 평화는 순식간에 덜컹거리는 공포로 바뀐다.

막연한 책임감이 어깨를 무겁게 짓누르고 있다고 느껴진다면, 그것은 당신이 앞을 보고 있기 때문이다. 당신이 오늘 밤잠을 설치며 고민한 그 시간들은 결코 헛된 불안이 아니다. 그 '멀리 보는 눈'이 곁에 있는 사람들의 '안온함'을 지켜주고 있다.

人無遠慮(인무원려)면 必有近憂(필유근우)니라

앞날을 내다보는 준비가 없으면,

당장 눈앞의 걱정에 반드시 부딪히게 된다.

— 衛靈公篇(위령공편)

◆ 걱정 구체화

걱정만 하기보다, 내일 아침에 챙겨야 할 물건을 미리 가방에 넣거나 날씨에 맞는 옷을 꺼내두는 등 '작은 준비' 하나를 완료하고 편안히 잠자리에 드세요.

서로의 계절이 다르다는 것

대화의 흐름에 섞이지 못한 채 입꼬리만 어색하게 올리고 앉아 있던 저녁 식사 자리를 기억하는가. 맞지 않는 옷을 입은 듯 움츠러드는데, 분위기를 깰까 두려워 영혼 없는 리액션으로 시간을 때우던 그 순간들 말이다.

우리는 종종 '좋은 게 좋은 거'라는 핑계로 맞지 않는 관계를 억지로 붙들고 있곤 한다. 내가 조금 더 참고 굽히면 둥글게 굴러갈 것이라 믿으면서 말이다. 하지만 진심을 다해 마음을 쏟았음에도 불협화음이 계속된다면, 그건 내가 부족해서가 아니라 서로의 계절이 다르기 때문이다. 그것은 그저 자연스러운 '시차'일 뿐, 자신의 색깔을 지우면서까지 지켜야 할 자리는 세상에 없다.

어울리지 않는 퍼즐 조각을 억지로 끼워 넣으면 결국 그림 전체가 일그러지는 것처럼, 때론 더 이상 함께 할 수 없음을 인정하고 멈추는 것이 현명할 때가 있다.

所謂大臣者(소위대신자)는

以道事君(이도사군)하다가 不可則止(불가즉지)이니라

진정한 대신이란,

옳은 도리로 임금을 보필하는 사람이다.

그런데 그 도리가 끝내 받아들여지지 않는다면

억지로 맞추거나 타협하지 않고,

그 자리에서 물러날 줄도 아는 사람이다.

— 先進篇(선진편)

◆ 관계 정리 체크리스트

☐ 우리의 계절(관심사)이 서로 달라졌음.

☐ 만나고 돌아오는 길에 공허함이 즐거움보다 큼.

☐ 내 색깔을 지워야만 유지되는 관계임.

Chapter 8.

판단의 저울

義

기게스의 반지

플라톤의 '국가'에는 기게스라는 목동의 이야기가 나온다. 그는 우연히 갈라진 땅 속에서 금반지 하나를 줍게 된다. 무심코 반지의 보석을 손바닥 안쪽으로 돌린 순간 그의 모습은 연기처럼 사라지고, 타인의 시선으로부터 완전히 해방된 그 절대적인 자유 앞에서 평범한 목동이었던 그는 왕을 살해하고 왕비를 차지하는 탐욕의 화신으로 변해버린다.

만약 당신 손에 그 반지가 쥐어진다면, 아무도 보지 않는 그 어둠 속에서도 당신은 여전히 정직할 수 있는가. 아무도 나를 감시하지 않을 때, 비난받을 두려움이 완벽히 사라졌을 때, 그 때 드러나는 모습이 진짜 당신의 인격이라면, 우리는 과연 그 민낯을 마주할 용기가 있는가.

일상은 사소한 시험의 연속이다. 계산원이 실수로 더 건넨 거스름돈 앞에서, 꽉 막힌 도로의 얌체 끼어들기 유혹 앞에서 마음은 수시로 흔들린다. 그러나 훔친 지도로 도착한 목적지에서는 마음 편히 짐을 풀 수 없다. 조금 더디고 팍팍하더라도 내 두 다리로 떳떳하게 걷는 길만이 밤마다 단잠을 선물한다.

富與貴(부여귀)는 是人之所欲也(시인지소욕야)나
不以其道得之(불이기도득지)면 不處也(불처야)하며
貧與賤(빈여천)은 是人之所惡也(시인지소오야)나
不以其道得之(불이기도득지)라도 不去也(불거야)니라

부와 지위는 누구나 바라기 마련이다.
그러나 그 부와 지위를 바른 길이 아닌 방식으로
얻었다면, 차지하지 않는 것이 옳다.
가난과 천함은 누구나 꺼리는 처지다.
그러나 그것을 벗어나는 과정이 바른 길이 아니라면,
무리해서 도망치듯 벗어나지 않는 것이 옳다.

— 里仁篇(이인편)

◆ 마음의 단잠을 부르는 양심 베개

☐ 남들이 다 하는 요령 대신, 조금 불편한 원칙을 선택했나요?

☐ 누군가의 실수를 이용하지 않고 정직하게 행동했나요?

☐ 내 속도가 느리다고 나를 다그치지 않았나요?

비뚤어진 옹호

우리는 종종 무조건적인 내 편 들기를 의리라 부른다. 친구가 직장 상사를 흉보면 앞뒤 사정 잴 것 없이 동조하고, 가족이 다툼에 휘말리면 무조건 팔이 안으로 굽는다. 가까운 사이라는 이유로 틀린 일도 눈감아주는 게 사랑이라 착각한다.

그러나, 친분에 따라 잣대가 고무줄처럼 늘었다 줄었다 하는 사람 곁에는 믿음이 머물지 않는다. 관계에 눈이 멀어 공정함을 잃으면, 결국 그 화살은 내가 가장 아끼는 사람들의 눈을 찌르게 된다.

무게를 재는 저울은 누가 그 위에 올라갔는지 따지지 않고 그저 정확한 눈금을 가리킬 뿐이다. 아무리 가까운 사이라도 틀린 것은 틀렸다고 말하고, 껄끄러운 상대라도 바른길을 간다면 기꺼이 고개를 끄덕여야 한다.

君子之於天下也(군자지어천하야)에 無適也(무적야)하며 無莫也(무막야)하여 義之與比(의지여비)니라

군자는 세상 사람들을 대할 때 특정 편에 무턱대고 서지도 않고, 반대로 누군가를 근거 없이 배척하지도 않는다.

다만 무엇이 옳은가를 기준으로 삼아, 그에 맞는 사람과는 가까이한다.

— 里仁篇(이인편)

◆ 건강한 지지

갈등 상황을 마주했을 때, 잠시 눈을 감고 상대방의 얼굴을 지운 뒤 오직 '사건'만 저울 위에 올려두는 상상을 해보세요.

나를 귀하게 대접하는 태도

늦은 밤 텅 빈 횡단보도 앞, 신호등은 붉은색이다. 오가는 차도 없고 지켜보는 눈도 없다. 그냥 건너면 1분은 번다. 이 짧은 틈을 타 편안함을 훔치고 싶은 마음이 꿈틀댄다. 효율을 따지면 그게 이득이다. 하지만 발을 멈춘다. 남이 무서워서가 아니라, 고작 1분의 편리함과 나를 맞바꾸기 싫어서다.

세상은 요령 좋게 빈틈을 파고들어 이익을 챙기는 걸 능력이라 부르기도 한다. 그러나 어떤 사람들은 눈앞의 혜택보다 마음속 법도를 더 무겁게 여긴다. 더 넓은 자리를 차지하려는 욕심 대신 마땅히 지켜야 할 선을 넘지 않으려는 고집이다. 이것은 남을 위한 배려이기 이전에 나를 위한 예우다. 아무도 보지 않는 순간에도 스스로 정한 약속을 지킬 때, 나는 비로소 함부로 대할 수 없는 사람이 된다.

君子(군자)는 懷德(회덕)하고
小人(소인)은 懷土(회토)하며
君子(군자)는 懷刑(회형)하고
小人(소인)은 懷惠(회혜)니라

군자는 늘 덕을 마음에 품고 살아간다.
반면 소인은 눈앞의 생활 기반, 곧 자기에게 유리한 자리와 소유를 먼저 생각한다.
군자는 법도와 원칙을 기준 삼아 스스로를 살피지만, 소인은 누가 베풀어 주는 이익과 특혜를 좇는다.

— 里仁篇(이인편)

◆ 마음 자산 쌓기

남들은 모르는 요령이나 공짜 혜택을 바라는 마음이 들 때, "나는 정당한 대가를 치를 능력이 있다"고 당당하게 선언하며 제값을 지불해 보세요.

이익을 좇는 발걸음

만약 당신의 손에 세상의 모든 규칙을 건너뛸 수 있는 '비밀 통행권'이 쥐어진다면 어떨까. 꽉 막힌 출근길에 나만 갓길로 달려도 아무도 제재하지 않고, 긴 대기 줄을 무시하고 제일 먼저 입장해도 비난받지 않는다면 말이다.

아마 그 달콤한 유혹을 단번에 거절하기란 쉽지 않을 것이다. 우리는 늘 남보다 조금 더 편한 자리, 나에게만 허락된 특별한 예외를 은밀히 갈망하기 때문이다. 그러나 이익을 좇아 움직이는 걸음에는 원망이라는 그림자가 따라붙는다는 사실을 기억해야 한다. 나 하나 편하자고 누리는 부당한 편의의 무게만큼 타인의 불만이 쌓인다. 편법으로 얻은 지름길은 당장은 빠를지 몰라도, 결국 내 등 뒤에 수많은 적을 세우는 일이다.

타인의 호의나 요령에 기대어 선을 넘는 순간, 내 자존감의 주도권도 남의 손에 넘어가 버리고 만다. 떳떳함은 아무도 보지 않아도 스스로 약속을 지킬 때 생겨나는 내면의 굳은살이다.

放於利而行(방어리이행)이면 多怨(다원)이니라

이익만 좇아 움직이면, 그만큼 원망을 사게 된다.

— 里仁篇(이인편)

◆ **거절의 언어**

계산원이 거스름돈을 더 주거나, 누군가 부당한 편의를 봐주려 할 때 "마음만 감사히 받을게요, 저는 정직한 쪽이 더 편해서요"라고 웃으며 거절해 보세요.

포장지를 뜯는 용기

좋아하는 친구의 싱거운 농담에는 박장대소하면서, 껄끄러운 동료의 옳은 지적은 비난으로 듣고 귀를 닫는다. 감정이라는 뜰채로 이야기를 거르다 보니, 정작 내 살이 될 알맹이는 빠져나가고 입에 단 껍데기만 남는다.

그러나 낡은 신문지에 싸여 있어도 금덩이는 금덩이고, 화려한 리본으로 치장해도 썩은 사과는 먹을 수 없다. 포장지가 마음에 들지 않는다고 해서 그 안의 귀한 선물까지 쓰레기통에 던지는 건 어리석다. 미운 사람의 입에서 나온 말이라도, 그것이 내 삶을 비추는 등불이라면 기꺼이 손을 내밀어 받아야 한다.

가장 싫어하는 사람의 말을 들을 수 있는 용기를 가지자. 편견을 걷어내야 비로소 들리는 조언이 있다. 입을 보지 않고 뜻을 읽어낼 줄 아는 그 투명한 지혜가 당신을 더 넓은 세상으로 안내한다.

君子(군자)는 不以言擧人(불이언거인)하며

不以人廢言(불이인폐언)이니라

군자는 말만 번듯하다고 사람을 등용하지 않고,

사람을 싫어한다고 해서 그가 한 옳은 말까지 버리지

않는다.

— **衛靈公篇(위령공편)**

◆ 가면 씌우기

껄끄러운 상사나 동료가 지적을 할 때, 잠시 그 사람의

얼굴에 내가 가장 존경하는 멘토의 가면을 씌우고 그

목소리로 다시 듣는 상상을 해보세요.

숫자의 함정

애쉬의 '동조 실험'을 아는가. 명백히 다른 선의 길이를 보여줘도, 주변 사람들이 모두 틀린 답을 말하면 실험 참가자는 고개를 갸우뚱하고 당황하는 기색이 역력하면서도 틀린 답을 따라간다. 다수의 의견은 거대한 중력이 되어 내 눈과 귀를 의심하게 만든다.

일상도 매한가지다. 인터넷이나 단톡방의 여론이 한쪽으로 쏠리면 내 생각은 슬그머니 꼬리를 내린다. 남들이 다 좋다고 환호하는 것에 고개를 젓거나, 모두가 돌을 던지는 사람을 감싸는 일은 두렵다. 무리에서 튀어나온 못이 되느니 차라리 영혼 없는 앵무새가 되어 안전하게 묻어가길 택한다.

우리는 모두 마음 속 깊은 곳에서는 정답을 알고 있다. 썩은 동아줄이라도 여러 겹 꼬이면 튼튼해 보일 뿐, 결국 끊어진다. 다수가 선택했다는 안도감에 매달렸지만 결국 끊어져 버리는 허무함을 느끼지 않으려면, 모두가 박수 칠 때 그늘을 살피고 모두가 비난할 때 진실을 들여다보는 깐깐함이 필요하다.

衆惡之(중오지)라도 必察焉(필찰언)하며

衆好之(중호지)라도 必察焉(필찰언)이니라

많은 사람이 미워하더라도 반드시 살펴봐야 하고,

많은 사람이 좋아하더라도 반드시 살펴봐야 한다.

— 衛靈公篇(위령공편)

◆ **잠깐만요 돋보기**

모두가 "YES"라고 외칠 때, 잠깐 멈추고 내가 지금 동의하는 건 '내용'인지, 아니면 '소외되지 않으려는 두려움'인지 들여다보세요.

Chapter 9.

배움의 기쁨

學

굳은살의 환희

방 한구석에 먼지 쌓인 통기타나, 새해 벽두에 호기롭게 샀다가 라면 냄비 받침이 된 영어 회화 책을 볼 때마다 마음 한구석이 미지근하게 저려온다. 우리는 배움을 늘 쓴 약처럼 삼킨다. 무언가를 이루기 위해 억지로 견뎌야 하는 고행이나, 점수로 증명해야 하는 숙제로 여기는 탓이다.

허나 의무감이라는 껍질을 벗겨내면 그 안에는 달콤한 알맹이가 숨어 있다. 물집 잡히던 손가락 끝에 단단한 굳은살이 박여 마침내 깨끗한 F코드가 울려 퍼질 때, 엉망이던 칼질이 리듬을 타고 일정한 두께의 당근을 썰어낼 때의 쾌감 같은 것들 말이다. 어제보다 조금 더 능숙해진 나를 만나는 기분은 꽤나 그럴듯하다. 누가 알아주지 않더라도 말이다.

學而時習之(학이시습지)면 不亦說乎(불역열호)아

배우고 때때로 익히면 기쁘지 않겠는가.

— 學而篇(학이편)

◆ 아주 작은 마스터

오늘 어제보다 아주 조금 더 능숙해진 것에 대해 생각해보세요. 아주 작은, 사소한 일이라도 괜찮습니다.

앞으로 나아가려면 뒤를 돌아봐야 한다

우리는 매일 쏟아지는 신상품과 트렌드에 눈을 뺏긴다. 어제의 뉴스는 오늘의 폐지가 되고, 작년의 유행은 촌스러움의 대명사가 된다. 마치 화려해 보이지만 금세 시들고 마는 꽃과 같다.

오래된 서랍을 열어 손때 묻은 일기장을 다시 읽어보자. 유치한 문장 속에 엉킨 실타래를 풀 지혜가 숨어 있다. 이미 읽었던 책의 밑줄을 다시 따라가 보면, 예전엔 스쳐 지났던 단어가 쿵 하고 마음을 때린다. 내가 견뎌왔던 묵은 시간은 나를 단단하게 받쳐주는 디딤돌이 된다. 우리가 숨 가쁘게 앞만 보고 달릴 때 놓쳤던 해답은, 의외로 지나온 발자국 속에 숨어 있다. 옛 시간을 땔감 삼아 새로운 깨달음의 불꽃을 피워내는 사람. 그렇게 자신의 과거를 통해 오늘을 배우는 사람만이 누군가의 길을 밝혀주는 스승이 된다.

溫故而知新(온고이지신)이면

可以爲師矣(가이위사의)니라

옛날 알았던 것을 되새겨 새로운 것을 깨달으면,

남을 이끌 만한 사람이 된다.

— 爲政篇(위정편)

◆ **책장의 재발견**

이미 읽었던 책을 다시 꺼내, 과거의 내가 밑줄 그었던 문장을 찾아 소리 내어 읽으며 “그때의 나에게, 그리고 지금의 나에게” 어떤 위로가 되는지 느껴보세요.

콧노래의 힘

주말 오후, 힐링하겠다며 사놓은 명화 그리기 키트 앞에서 도리어 숨이 막혀올 때가 있다. 선이 조금 삐져나갔다고 자책했고, 남들의 완벽한 완성작과 비교하며 스트레스를 받았다. 우리는 쉼표를 찍으려던 순간에도 완벽한 마침표를 찍으려 애쓴다. 쉬려고 시작한 취미조차 잘해내야 한다는 숙제가 되어버린 탓이다.

하지만 기억해야 하는 것은, 이를 악물고 버티는 비장함은 콧노래를 흥얼거리는 가벼움을 이길 수 없다는 것이다. 의무감으로 채운 시간은 돌처럼 무겁지만, 재미에 흠뻑 젖은 시간은 깃털처럼 가볍기 때문이다.

잘해야 한다는 무거운 갑옷을 내려놓고, 일부러 선을 삐져나가게 그어보라. 붓이 선을 조금 넘어가면 어떤가. 완벽이라는 강박의 둑을 터뜨려야, 그 틈으로 호기심이라는 물길이 다시 흐르는 법이다.

知之者不如好之者(지지자불여호지자)요

好之者不如樂之者(호지자불여락지자)니라

아는 사람은 좋아하는 사람만 못하고,

좋아하는 사람은 즐기는 사람만 못하다.

— 雍也篇(옹야편)

◆ **망쳐야 완성되는 페이지**

〔사용법 가이드〕

1. 눈을 감고 지그재그 선 긋기
2. 마시던 커피 한 방울 떨어뜨리기
3. 왼손(자주 쓰지 않는 손)으로 내 이름 쓰기
4. 페이지 귀퉁이 북- 찢어보기

이 페이지가 엉망진창이 될수록, 당신의 마음은 더 자유로워집니다.

생각의 소화불량

문이 닫히지 않을 만큼 식재료가 꽉 들어찬 냉장고를 본 적이 있는가. 욕심껏 사 쟁여두기만 하고 정작 요리해 먹지 않은 채소들은 검은 비닐봉지 속에서 시들어간다.

우리 머릿속도 종종 이 냉장고같을 때가 있다. 뉴스며 지식이며 이것저것 집어넣으며 뒤처지지 않겠다는 불안감을 달래지만, 멈춰 서서 내 것으로 소화할 시간은 갖지 않는다. 씹지 않고 삼킨 지식은 영양이 되기는커녕 지독한 소화불량을 부른다.

책 한 페이지를 읽었다면 잠시 덮고, 그 문장이 내 생각과 섞여 소화될 틈을 주어야 한다. 외부의 재료를 가져와 내 안의 불로 익혀내는 그 성실한 요리 과정만이, 마음의 허기를 채우는 따뜻한 밥상이 된다.

學而不思則罔(학이불사즉망)하고

思而不學則殆(사이불학즉태)니라

배우기만 하고 생각하지 않으면 마음이 흐려지고,

생각만 하고 배우지 않으면 위험해진다.

— 爲政篇(위정편)

◆ 마음 요리 레시피

인상 깊은 정보를 접했을 때, 그저 '저장' 버튼만 누르는

대신 내 생각을 한 문장 덧대어 소화해보세요.

빈칸의 미학

어제 읽은 책의 내용조차 가물가물할 때가 많다. 감탄하며 밑줄까지 그어놓고선, 돌아서면 머릿속이 백지장처럼 하얗게 변한다. 구멍 난 독에 물을 붓는 기분이라, 내가 과연 나아지고 있는 건지 의심스럽기까지 하다.

그러나 틈새를 발견하는 일이야말로 배움의 시작점이다. 내가 무엇을 모르는지 깨닫는 순간, 비로소 채워야 할 빈칸이 모습을 드러낸다. 꽉 찬 그릇에는 더 이상 담을 것이 없으나, 비어 있는 공간은 새로운 세상이 들어올 설렘이다. 어제 몰랐던 사실 하나를 더 알아가고, 한 달 사이에 익힌 서툰 매듭 짓기 하나를 잊지 않고 챙기는 것. 그 소박한 반복이 나를 어제보다 조금 더 나은 사람으로 만든다.

구멍을 메우려 애쓰기보다, 그 틈으로 들어오는 빛을 즐기자. 날마다 빈칸을 확인하는 성실함이면 충분하다. 우리는 매일 조금씩, 그러나 확실하게 나아지는 중이다.

日知其所亡(일지기소망)하며

月無忘其所能(월무망기소능)이면

可謂好學也已矣(가위호학야이의)니라

날마다 부족한 것을 알아 가고,

달마다 이미 아는 것을 잊지 않으면

참으로 배우기를 좋아하는 사람이라 할 수 있다.

— 子張篇(자장편)

◆ 빈칸의 발견

오늘 모르는 단어나 사실을 마주했다면, 당황하는 대신 메모장에 적어두고 "새로운 빈칸이 하나 더 늘었네!"라고 반겨주세요.

등잔 밑의 우주

우리는 종종 지혜가 저 먼 우주 어딘가에 있다고 착각한다. 그래서 세상의 모든 지식을 탐하듯 넓게 배우고, 난해한 철학 용어를 훈장처럼 가슴에 달곤 한다. 하지만 그 넓은 배움이 내 삶으로 내려와 앉지 못한다면, 그것은 공허한 메아리에 불과하다.

진정한 배움은 망원경으로 본 별빛을 내 발밑의 등불로 삼는 일이다. 국제 정세를 읽는 그 예리한 눈으로 오늘 아침 식탁에 마주 앉은 가족의 표정을 읽어내야 하고, 인류의 미래를 고민하는 그 뜨거운 머리로 시들어가는 내 화분의 갈증을 헤아려야 한다. 우주는 멀리 있지 않다. 당신의 숨결이 닿는 그 사소한 곳에 당신이 배운 모든 것이 증명되어야 할 진짜 세상이 기다리고 있다.

博學而篤志(박학이독지)하며

切問而近思(절문이근사)하면

仁在其中矣(인재기중의)니라

넓게 배우고 뜻을 굳게 세우며,

자주 묻고 가까운 데서 생각하면,

그 안에 인(仁)이 있다고 할 수 있다.

— 子張篇(자장편)

◆ **현미경의 우주**

세계 정세를 걱정하는 뉴스 대신, 지금 내 책상 위의 화분 잎을 만져보거나 낡은 볼펜을 쥐어보며 내 손끝에 닿는 '진짜 세상'의 온도를 느껴보세요.

톱밥이 날리는 시간

동네 어귀의 작은 목공소는 늘 뿌연 먼지로 가득하다. 투박한 나무토막이 매끄러운 테이블이 되기까지, 목수는 수천 번의 사포질을 멈추지 않는다. 지루한 반복과 코를 찌르는 톱밥 먼지를 묵묵히 견뎌내고서야 나무는 제 모양을 갖춘다.

우리 삶도 이 좁은 작업실을 닮았다. 어설픈 생각과 거친 마음을 다듬으려면 엉덩이를 붙이고 앉아 뭉근하게 견디는 시간이 필요하다. 훌륭한 결과물은 요술 방망이처럼 뚝딱 나오지 않는다. 스스로를 깎아내는 고단한 과정이 겹겹이 쌓여, 모나고 거칠었던 내면이 조금씩 매끄럽고 둥글게 변해간다.

오늘 당신이 흘린 땀방울과 치열한 고민의 흔적은 인생이 다듬어지느라 생긴 톱밥이다.

百工居肆以成其事(백공거사이성기사)하고

君子學以致其道(군자학이치기도)니라

온갖 기술자가 공방에 몸담고 기술을 갈고닦아

마침내 일을 완성하듯,

군자는 배움을 쌓아 자신의 도를 끝내 이뤄낸다.

— 子張篇(자장편)

◆ 인생 공방 작업 일지

도망치고 싶은 마음이 들 때, 스마트폰 타이머를 딱 15분만 맞추고 "이 시간만큼은 엉덩이로 나무를 깎겠다"고 다짐하며 자리를 지켜보세요.

시간을 잊은 아이

드라마 정주행을 하느라, 혹은 소설의 뒷장이 궁금해 밤을 꼴딱 새워본 적이 있는가. 잠깐만 보려 했는데 고개를 들어보니 어느새 창밖이 푸르스름하게 밝아와 당황했던 기억 말이다. 그 순간, 우리는 물리적인 시간을 초월하는 경험을 한다. 무언가에 푹 빠져 정신없이 헤엄칠 때, 우리를 짓누르던 현실의 중력은 잠시 힘을 잃는다.

어른이 된다는 건 슬프게도 시계바늘의 노예가 되는 과정인지도 모른다. 우리는 매 순간 가성비를 따지고 시간을 계산하느라, 내 안의 호기심이 보내는 신호를 무시하곤 한다.

그러니 다시 기억해내야 한다. 해가 지는 줄도 모르고 놀이에 빠져들던 그 천진난만한 열정을. 세월을 비껴가는 유일한 비결은 시계를 잊게 만드는 즐거움 속에 있다. 무언가를 진심으로 즐기는 사람의 눈빛 속에는, 세월조차 비집고 들어올 틈이 없기 때문이다.

發憤忘食(발분망식)하고 樂以忘憂(낙이망우)하여
不知老之將至云爾(부지노지장지운이)오
분발하면 먹는 것도 잊고,
즐겁게 하다 보면 근심도 잊고,
늙어감조차 깨닫지 못할 뿐이다.

— 述而篇(술이편)

◆ **시간의 상대성**

좋아하는 웹툰이나 취미 활동을 시작할 때, 30분 타이머를 맞춰두고 시간이 얼마나 빠르게 흐르는지 몸소 느껴보세요.

끄덕임이라는 가면

우리는 종종 낯선 단어 앞에서 반사적으로 고개를 끄덕이는 실수를 저지른다. 남들보다 뒤처져 보이기 싫은 얄팍한 자존심이 '아는 척'이라는 가면을 쓰게 만든다. 하지만 이해한 척 지어 보인 그 미소 뒤에서 우리는 진실을 마주할 시간을 허비한다.

틈을 보이지 않으려 급조한 가면은 무겁고, 따스한 햇볕과 바람까지 차단해버린다. 꽉 채워진 항아리에는 빗물조차 고일 수 없듯, 이미 다 알고 있다는 오만한 가면을 쓴 순간 성장의 기회도 사라지고 만다.

"가르쳐 줄 수 있어?"

이 짧고 무해한 고백이 굳게 닫힌 상대의 마음을 열고, 나의 세계를 확장한다.

知之爲知之(지지위지지)요 不知爲不知(부지위부지)가
是知也(시지야)니라
아는 것은 안다고 하고,
모르는 것은 모른다고 하는 것,
이것이 참으로 아는 것이다.

— 爲政篇(위정편)

◆ 지적 호기심

대화 중 모르는 단어가 나오면, 반사적으로 고개를 끄덕이는 대신 “저는 처음 듣는 이야기인데, 조금 더 알려주시겠어요?”라고 되물어보세요.

Chapter 10.

삶을 대하는 태도

道

둑을 넘지 않는 강물

장마철의 젖은 빨래처럼, 슬픔을 방치하면 마음에는 쿰쿰한 곰팡이가 핀다. 반대로 한여름 땡볕 같은 기쁨도 너무 오래 쬐면 영혼을 바짝 마르게 한다. 우리는 늘 이 온도 조절에 서툴러, 기쁨에 데여 열상을 입거나, 슬픔에 잠겨 허우적거린다.

건강한 마음은 제방 사이를 유유히 흐르는 강물과 같다. 물살이 세차게 굽이쳐도 둑을 무너뜨리지 않아야 바다까지 갈 수 있다. 기쁨의 파도를 타되 휩쓸려 떠내려가지 않고, 슬픔의 깊은 바닥을 치더라도 다시 수면 위로 튀어 오르는 회복탄력성이 필요하다.

웃음 끝에 찾아오는 허무함에 발목 잡히지 않고, 눈물 속에 잠겨도 숨 쉴 구멍은 남겨두어야 한다. 감정은 내가 아니다. 소란스러운 감정이 나를 집어삼키지 못하게, 그저 잠시 지나가는 바람처럼 길을 터주자.

樂而不淫(낙이불음)하고 哀而不傷(애이불상)이니라

기쁠 때도 들뜨기만 하지 않고 절도를 지키며,
슬플 때도 마음이 무너질 만큼 자신을 상하게 하지는 않는다.

— 八佾篇(팔일편)

◆ 감정의 수위조절

기쁜 날에는 섣부른 약속을 멈추고, 슬픈 날에는 나를 굶기지 말고 따뜻한 죽 한 그릇이라도 꼭 챙기세요.

지나간 일에 머물지 않는 것

무언가를 수습하려다 되려 망쳐본 적이 있다면 알 것이다. 쏟아진 우유를 닦아내려 걸레질을 할수록 바닥이 더 넓게 더러워지듯, 어떤 상처는 건드릴수록 덧난다는 것을.

이미 던져진 돌은 돌이킬 수 없고, 그 돌이 만든 파문은 시간이 지나야 잠잠해진다. 지나간 일에 매달려 닫힌 문 앞에서 서성이는 동안, 내 등 뒤에 있는 새로운 기회의 문은 열리지 않는다.

그러니 끈질기게 따라붙는 미련은 가만히 놓아주자. 깨진 유리 조각을 억지로 맞추려다 다치지 말고, 날카로운 파편은 단호히 버리자. 소란스러운 마음을 정리하고 깨끗해진 바닥을 바라볼 때 비로소 우리는 다시 시작할 수 있다.

成事(성사)라 不說(불설)하며 遂事(수사)라

不諫(불간)하며 旣往(기왕)이라 不咎(불구)로라

이미 이루어진 일은 굳이 해명하지 않고,

이미 진행된 일은 다시 충고하지 않으며,

이미 지나간 일은 탓하지 않는다.

— 八佾篇(팔일편)

◆ 후회 지우개

1. Write : 자꾸만 되뇌게 되는 변명, 후회, '그때 그랬더라면' 하는 생각들을 적습니다.
2. Cover : 그 위에 "이미 지난 일은 탓하지 않는다"라는 문장을 적어 글씨를 가립니다.
3. Shred : 종이를 잘게 찢어 휴지통에 버립니다.

백성이 넉넉하면
임금도 넉넉하니

오랜만에 만난 친구의 밥값을 계산할 때, 지갑을 여는 손끝엔 찰나의 망설임이 스친다. 하지만 "잘 먹었다"며 기분좋게 인사하는 친구의 얼굴을 보는 순간, 아까운 마음은 눈 녹듯 사라진다. 그 짧은 순간 우리는 깨닫는다. 나의 지갑은 비었지만 우리 사이의 공기는 꽉 채워졌음을.

혼자만 배부른 식탁은 어딘가 위태롭다. 내 곳간은 가득 찼는데 곁에 있는 이들이 허기지다면, 그 결핍이 만들어낸 찬바람이 기어이 문틈을 파고들어 내 안방까지 식게 만든다. 주변이 온통 메마르고 척박한 사막인데 나 홀로 푸른 나무로 서 있을 수는 없는 노릇이다.

주변이 넉넉하고 평안해야 나도 비로소 안전해진다. 내 것을 덜어 남을 채우는 일은 우리가 함께 발 디딜 지반을 단단하게 다지는 일이다.

百姓足(백성족)이면 君孰與不足(군숙여부족)이리오

백성이 넉넉한데, 임금이 부족할 리가 없다.

— 顔淵篇(안연편)

◆ **내 세상의 온도 높이기**

나를 위해 쓰려던 5천 원을 아껴, 지친 친구에게 커피 쿠폰 하나를 보내며 내 세상의 온도를 1도 높여보세요.

마음을 여는 열쇠

누군가를 설득하려 핏대를 세운 날, 돌아오는 길의 발걸음은 모래주머니를 찬 듯 무겁다. 내 말이 옳다는 걸 증명하려 애쓸수록, 상대의 마음은 굳게 닫힌 빗장처럼 열리지 않았기 때문이다.

볕이 잘 드는 창가에 고양이가 모여들듯, 온화한 표정과 나를 낮추는 말투는 상대의 경계심을 무장해제 시킨다. 날카로운 송곳은 주머니를 뚫고 나오지만, 부드러운 천은 어떤 모양의 물건도 넉넉히 감싸 안는다. 내가 한 걸음 물러선 자리가 타인이 들어와 쉴 수 있는 여백이 되는 것이다.

이기려 들지 않을 때 비로소 이길 수 있다. 바다는 가장 낮은 곳에 있기에 세상의 모든 강물을 거느릴 수 있다. 억지로 움켜쥐지 않고 그저 따스하게 곁을 내어주는 것, 그것이 사람을 얻는 열쇠이다.

夫子(부자)는

溫良恭儉讓以得之(온량공검양이득지)시니라

공자는 온화하고 어질며 공손하고 절제할 줄 알며 한발 물러설 줄 아는 태도로 사람들의 마음을 얻었다.

— 學而篇(학이편)

◆ 감정 팔레트

오늘 당신의 감정 팔레트는 무슨 색인가요?

〔溫: 온화함〕 누군가에게 햇살이 되는 온화함

〔良: 어짐〕 이기려는 마음을 내려놓는 어짐

〔恭: 공손함〕 나를 낮추는 공손함

〔儉: 절제함〕 말을 아끼는 절제

〔讓: 양보함〕 한발 물러서는 양보

열정의 배신

세상은 우리에게 결핍을 성공의 땔감으로 쓰라고 부추긴다. 지금의 초라한 현실을 혐오하고, 그 분노를 엔진 삼아 거칠게 치고 나가야 한다고 말이다. 우리는 그것을 '패기'라 포장하며 스스로를 벼랑 끝으로 내몬다.

하지만 내 처지를 미워하는 마음과 앞뒤 재지 않는 무모함이 만나면, 삶은 궤도를 이탈해 폭주하기 시작한다. 꽉 막힌 출근길, 늦었다는 조바심에 무리하게 핸들을 꺾다 접촉 사고를 내는 꼴이다. 빨리 벗어나려 발버둥 칠수록 바퀴는 진흙탕에 더 깊이 빠지고, 튀어 오른 흙탕물은 죄 없는 사람들의 옷깃까지 더럽힌다.

우리는 흔히 결핍이 부끄러운 것이라 여겨 서둘러 그곳을 탈출하려 하지만, 정작 삶을 망가뜨리는 건 결핍 자체가 아니라 그 가난을 미워하며 거칠게 과속하고 있는 우리 자신의 마음이라는 것을 잊어선 안된다.

好勇疾貧(호용질빈)이 亂也(난야)니라

용기를 지나치게 좋아하고,

가난을 지나치게 미워하면

삶이 어지러워진다.

— 泰伯篇(태백편)

◆ **마음 속도 위반 체크리스트**

〔 〕지금, 남들과 비교하느라 마음의 신호를 무시하고 달리지 않았나요?

〔 〕'빨리'라는 말로 나 자신이나 주변 사람을 다그치지 않았나요?

〔 〕현재의 결핍을 연료로 쓰고 있지는 않나요?

빛을 나누는 각도

칠흑 같은 밤길, 성능 좋은 손전등을 쥔 사람과 함께 걷는 상황을 떠올려본다. 그의 손에 들린 빛은 수백 미터 앞을 훤히 비출 만큼 강력하다. 하지만 정작 빛의 방향이 오직 그의 발끝에만 고정되어 있다면 어떨까. 곁에 선 나는 그 짙은 그림자에 가려 자꾸만 돌부리에 걸리고, 결국 걷는 일 자체가 고역이 되고 말 것이다.

아무리 앞을 내다보는 혜안이 뛰어나도, 곁을 살피는 마음에 인색하면 그 능력은 무용지물이다. 혼자만 잘난 사람 곁에 있을 때 우리가 초라함을 느끼는 건, 그가 가진 빛이 나를 비추지 않기 때문이다.

우리는 종종 내가 가진 빛의 크기를 키우는 데만 골몰하느라, 정작 그 빛이 어디를 향하고 있는지는 잊고 살 때가 많다. 손전등을 쥐고 있는 손목을 꺾어 뒤처진 이의 위태로운 걸음을 비춰주는, 그 빛을 나누는 각도 속에 사람을 살리는 진정한 길이 있다.

如有周公之才之美(여유주공지재지미)라도

使驕且吝(사교차인)이면 其餘(기여)는

不足觀也已(부족관야이)니라

아무리 주공의 재능처럼 뛰어난 능력을 갖추었더라도,

교만하고 인색하면 나머지는 볼 것이 없다.

— 泰伯篇(태백편)

◆ 스포트라이트 선물하기

회의나 대화 중 내가 아는 정답을 말하고 싶어

입이 근질거릴 때, 꾹 참고 옆 사람에게 '어떻게

생각해요?'라며 발언권이라는 스포트라이트를

비춰주세요.

썩은 땅에 심은 씨앗

우리는 '존버'가 미덕인 시대를 산다. 악독한 상사의 폭언도, 나를 갉아먹는 연인의 가스라이팅도, 상식이 통하지 않는 집단의 횡포도 "다 피가 되고 살이 된다"며 꾹 참고 견디려 한다. 매일 아침 출근길에 위장약을 털어 넣으면서도, 이 지옥을 탈출하는 것을 '패배'라고, '끈기 부족'이라고 자책한다.

우리는 종종 착각한다. 내가 더 노력하면, 내가 더 참으면 저 사람도 변하고 상황도 나아질 거라고. 하지만 썩은 땅에 심은 씨앗은 아무리 좋은 비료를 줘도 싹을 틔우지 않는다. 상식이 통하지 않는 곳에서 논리를 이야기하는 건 벽에 대고 소리치는 것과 같고, 서로를 존중하지 않는 곳에서 성실함을 보이는 건 호구 잡히기 딱 좋은 먹잇감이 될 뿐이다.

'여기는 내가 있을 곳이 아니다'라고 판단하는 순간, 뒤도 돌아보지 않고 짐을 싸자. 흙탕물 속에서 맑게 살려 애쓰지 마라. 대신 맑은 물이 흐르는 곳으로 네 발을 옮겨라. 당신은 척박한 자갈밭에서 말라 죽기엔 너무나 아까운 씨앗이다.

危邦不入(위방불입)하고 亂邦不居(난방불거)이니라

위태로운 나라에는 들어가지 않고,
어지러운 나라에는 머물지 않는다.

— 泰伯篇(태백편)

◆ 위태로운 나라에서의 행동 수칙

1. 더 이상 웃어주지 않는다.

2. 조용히 자리를 뜬다.

3. 나를 위한 편안한 곳으로 이동한다.

삶을
지속가능하게 만드는 힘

이어폰에서 흘러나오는 노래 가사 한 줄에 왈칵 마음이 울릴 때가 있다. 딱딱하게 굳어있던 감정이 말랑해지는 순간, 비로소 우리는 무채색의 군중에서 '살아있는 사람'으로 깨어난다.

그 벅찬 마음을 안고 문을 나선다. 엘리베이터를 잡아주는 손길, "먼저 가세요"라며 길을 터주는 작은 배려가 나라는 사람을 더욱 나답게 한다. 무례한 세상 속에서도 중심을 잃지 않게 하는 힘은 그런 나다운 태도에서 나온다.

하루를 마무리하는 시간, 각자의 소리를 내던 사람들이 저녁 식탁에 둘러앉아 웃음을 섞는다. 뾰족했던 하루가 둥글게 다듬어지며 비로소 평화로운 화음이 만들어진다. 감성으로 깨어나 태도로 서고, 어울림으로 매듭짓는 것. 그것이 아름다운 사람이 걷는 길이다.

興於詩(흥어시)하고

立於禮(입어례)하고

成於樂(성어악)이니라

시는 마음을 일으키고,

예는 삶의 자리를 세우며,

음악은 조화를 이룬다.

— 泰伯篇(태백편)

◆ 하루 완성 3박자

1. 감성 깨우기(詩): 오늘 마주친 풍경 중, 가장 마음에 드는 장면을 사진으로 찍어보세요.
2. 태도 세우기(禮): 건물 문을 열거나 엘리베이터를 탈 때, 뒷사람이 안전하게 들어올 때까지 문을 잡아주는 여유를 가져보세요.
3. 화음 맞추기(樂): 가족에게 오늘 하루 고생했다는 말과 함께 칭찬 한마디를 건네보세요.

겨울이 와야
비로소 보이는 것

봄날의 따스한 볕 아래에서는 모든 나무가 푸르다. 저마다의 잎을 뽐내며 울창한 숲을 이루니, 누가 뿌리 깊은 나무이고 누가 시절을 타는 풀포기인지 구별할 수 없다. 사람의 관계도 그렇다. 내 주머니가 두둑하고 목소리에 힘이 들어갈 땐 세상 모두가 친구이고 모두가 내 편이다.

그러나 매서운 눈보라가 닥치면 풍경은 변한다. 화려했던 잎들은 떨어져 나가고, 숲은 앙상한 뼈대를 드러낸다. 바로 그 황량한 겨울 한복판에서야 비로소 변치 않는 것들이 보인다. 모두 떠난 자리, 묵묵히 제 색을 지키고 서 있는 소나무 같은 사람들 말이다.

지금 당신의 계절이 유독 춥다고 해서 너무 슬퍼하지 않아도 된다. 인생의 겨울은 우리를 시리게 하지만, 역설적이게도 흐려진 눈을 가장 맑게 씻어주는 시간이기도 하다. 화려했던 잎들이 모두 떨어져 나간 그 적막 속에서 끝까지 당신의 손을 놓지 않는 '진짜' 사람이 비로소 보이기 때문이다.

歲寒然後(세한연후)에

知松栢之後彫也(지송백지후조야)니라

날씨가 크게 추운 해가 된 뒤에야

소나무와 잣나무의 잎이 뒤에 짐을 알 수 있다.

— 子罕篇(자한편)

◆ **나의 소나무와 잣나무**

□ 여름의 잎사귀들 : 지금 내가 누리고 있는 것 중,

바람이 불면 떨어질 것은 무엇인가요? (예: 타인의 칭찬, 직함, 인기, 통장 잔고 등)

□ 겨울의 잎사귀들 : 추위가 와도 푸른 것은 무엇인가요?

(예: 문제를 해결했던 경험, 끝까지 해내는 끈기, 사람을 대하는 진심 등)

비움의 미학

'완벽'이란 더 이상 뺄 것이 없는 상태라고 한다. 그러나 우리는 불안한 마음에 자꾸만 무언가를 덧칠하고 높이 쌓아 올리려 애쓴다.

산 정상에 오르는 것이 목표라고 할 때, 정상을 지나쳐 내려가 버리면 그것은 등산이 아니라 하산이 된다. 지나침은 결국 목표를 잃어버리는 일이다. 삶도 그렇다. 지나친 열정은 나를 태우고, 과한 배려는 관계를 무겁게 짓누른다. 우리가 그토록 찾아 헤매던 인생의 정답은 '딱 알맞게' 멈추는 균형 속에 있는 것이다.

이 책을 덮으며, 당신의 어깨에 들어간 힘이 조금은 빠지기를 바란다. 빈 곳은 그냥 비어있는 채로 여유롭게 두어도 괜찮다. 그 여백이 당신이 편안하게 숨 쉴 수 있는 공간이 되길 바란다. 과하지 않게, 모자라지 않게, 당신은 이미 온전하다.

過猶不及(과유불급)이니라

지나침은 모자람과 같다.

— 先進篇(선진편)

◆ **여백의 기록**

〔생각 덜기〕 해결할 수 없는 고민이 나를 괴롭힐 때, 과감히 멈춘 적이 있나요?

〔관계 덜기〕 타인의 기대에 맞추느라 나를 소모하는 대신, 거리를 두기로 결심한 적이 있나요?

〔말 덜기〕 굳이 하지 않아도 될 말을 삼킨 적이 있나요?

오늘 당신이 남겨둔 빈칸만큼, 당신의 마음은 더 여유로워졌습니다.

에필로그

에필로그

서울 종로구 한복판에서 40여 년을 지켜온 전통문화연구회 사무실의 한쪽 벽면은 거대한 역사를 품고 있다. 당대 최고의 한학자들이 청춘을 바쳐 옮겨 적은 400여 권의 고전 번역서들이 묵직한 침묵을 지키며 꽂혀 있다. 그 압도적인 서가(書架) 앞에서, 우리는 전율과 동시에 깊은 부채감을 느껴야 했다.

이토록 찬란한 지혜들이 단지 '어렵다'는 이유로, '불친절하다'는 이유로 대중의 손길이 닿지 않는 곳에서 잠들고 있다는 사실. 그것은 우리에게 뼈아픈 통증이었다.

그래서 우리는 몇 년간의 고민 끝에 결단했다. 이 굳게 닫힌 창고의 문을 부수고, 그 속의 지혜를 세상 밖으로 꺼내기로.

새로운 고전 대중화 브랜드 '지혜고'는 그렇게 탄생했다. 그리고 그 첫 번째 결과물인 이 책, 《나만의 카운슬러 공자》는 한 명의 작가가 책상 머리에서 써 내려간 평범한 원고가 아니다. 이것은 치열한 지적 투쟁의 기록이다.

이 프로젝트를 위해 '고전'에 인생을 건 '어벤저스'가 소집되었다. 20년 넘게 고전 데이터를 섭렵해 온 데이터 장인, 10년 이상 대중과 호흡해 온 교육전문가, 그리고 고전의 정보화를 이끌어온 IT 전문가까지. 총 6명의 베테랑들이 '지혜고'라는 깃

발 아래 모였다.

매주 열린 회의실의 공기는 뜨거웠다. 한 문장을 두고 밤을 새워 논쟁했고, 현대인의 언어로 치환되지 않는 낡은 개념들과 끝없는 씨름을 벌였다. "이건 너무 어렵다. 독자들이 외면할 것이다!" "그렇다고 원문의 격을 훼손할 순 없다. 타협해선 안 된다!"

우리는 수천 년 전의 텍스트를 해체하고, 다시 조립하고, 수백 번을 고쳐 썼다. 대중적이되 결코 가볍지 않게, 쉽되 전문성을 잃지 않게. 우리만의 방법으로 지혜를 전달할 수 있게. 그것은 우리 자신과의 싸움이자, 독자 여러분에게 가장 완벽한 '카운슬러'를 소개하기 위한 우리의 자존심이었다.

기술은 눈부시게 변하지만, 질투와 사랑, 야망과 고독이라는 인간의 본질은 수천 년 전이나 지금이나 놀라울 정도로 닮아 있다. AI가 1초 만에 정답을 내놓는 편리한 세상이다. 하지만 결국 "내 인생을 이렇게 살겠다"는 마지막 선택은, 오롯이 당신의 몫이다. 그 선택의 순간에 필요한 것은 검색 결과가 아니라, 스스로 사유하고 판단할 수 있는 단단한 '기준'이다.

우리는 이 책이 당신에게 단순한 지식 전달자가 되기를 거부한다. 편리함에 길들여져 잃어버렸던 '지적 인내심'을 되찾아주는 도구이자, 복잡한 삶의 맥락을 꿰뚫어 보게 하는 안경이 되기를 바란다.

2,500년 전부터 전해져 온 지혜의 창고. 그 육중한 문을 이제 '지혜고'라는 이름으로 활짝 연다. 《나만의 카운슬러 공자》는 그 거대한 여정을 알리는 장엄한 서막일 뿐이다. 공자를 시작으로 맹자, 노자 등 시대를 초월해 빛나는 성현들의 통찰을 오늘의 언어로 벼려내는 작업은 앞으로도 거침없는 대작 시리즈로 이어질 것이다. 서가에 잠들어 있던 2,500여 년 전부터 전해져 오던 오랜 지혜가 세상 밖으로 나와 당신의 삶을 지탱하는 흔들림 없는 '나침반'으로 환생하는 그날까지, 지혜고의 치열한 투쟁은 결코 멈추지 않을 것이다.

수많은 전문가의 밤샘과 고민, 그 뜨거운 열정으로 빚어낸 이 첫 번째 책이 부디 당신의 삶을 지키는 가장 든든한 '카운슬러'가 되어주기를 간절히 소망한다.

전통문화연구회 고전 대중화 브랜드 '지혜고' 기획팀 일동

2,500년 변치 않는 지혜를 새기는 책

나만의 카운슬러 공자

17,000원

2026년 02월 20일 초판 인쇄
2026년 02월 28일 초판 발행

지은이 지윤
디자인 한예은
기획교정 권원오 이화춘 신양선 백준철
편 집 백준철

펴낸이 김현
펴낸곳 (사)전통문화연구회
주 소 서울 종로구 삼봉로 81 두산위브파빌리온 1332호
전 화 (02)762-8401
팩 스 (02)747-0083
메 일 juntong@juntong.or.kr

ISBN 979-11-5794-446-0 03190

- 지혜고는 (사)전통문화연구회의 동양고전 큐레이션 브랜드입니다.